棒球驚嘆句 4

Baseball Quotes 4

王翊亘——著

從經典話語中領悟棒球精神

蔡其昌（中華職棒大聯盟會長）

棒球，不僅是一項運動，更是一種精神、一種態度。每一位球員在成長過程中，都曾面對過低潮與挑戰，而支撐他們繼續奮戰的不只是天賦與技術，更是心中的信念與意志。

身為中華職棒會長，在職棒的經營與推廣過程中，我深刻感受到棒球對人文文化的影響。它不僅是一項運動，更是一種教育，一種價值觀的傳遞。本書讓我們看到，無論是新秀還是殿堂級選手，每個人都曾經歷挫折與挑戰，但正是這些經驗，造就了他們的偉大。我相信，這些故事能夠激勵更多年輕選手，讓他們在追逐夢想的路上找到方向與動力。

回顧二〇二四年世界棒球十二強賽，臺灣隊在國際賽場上展現出色表現，最終奪下冠軍，寫下歷史新頁。這不僅是一場比賽的結果，更是臺灣棒球精神的最佳體現。每一位球員都以實際行動，證明臺灣棒球的實力與決心。而在賽後，那些簡單卻意義深遠的話語，更成為所有棒球迷心中的驚嘆句，激勵著新一代選手繼續努力。

無論你是球迷、選手，還是對棒球懷有熱情的讀者，我都誠摯推薦這本書。希望透過這些經典話語與背後的故事，讓我們一同感受棒球的魅力，並在球場內外，都能擁有屬於自己的「驚嘆句」！

親身訪談，文字更具故事性

曾文誠（知名球評，人稱「曾公」）

二〇〇九年我和曾湋文合著《棒球驚嘆句》一書，發行後頗獲好評，但沒有想到的卻是後續還有一系列的書籍產生。如今已經是棒球驚嘆句之四了。

從二〇〇九年到今天幾乎是每隔四年的時間有一本驚嘆句出現，四冊加起來不知有多少球員出現在裡面，但想必是不少吧。

無論如何，我都深刻感受得到這麼多球員那種世代交替的味道。但無論從杜福明到陳傑憲，選手要面對的競爭壓力，訓練上的艱難及比賽挫敗下所承受的苦痛，是永遠不變的，而在那種種情境下每一句從選手有感而發的，那所謂的金句總是如此動人，即便有時字面上看起來平淡無奇，例如江國豪說的那句「能夠上場什麼角色都好」，是的，只有能上場才能被看見，其他都是假的，這才是職棒選手最深刻的體悟。

第四本棒球驚嘆句橫跨不同世代的球員講出不同的金句。而從第一本的作者曾湋文、之後的鄭又嘉、羅國禎再到本書的王翊亘，他們都是極其優秀的第一線職棒記者，從他們親身接觸訪談下的選手，那些文字更具人味，更有故事性。這才是這一系列最值得一讀之處！

沒有奶哥不知道的事

蔡明里（棒球主播，人稱「團長」）

作者王翊亘，圈內人士及球迷都叫他「牛奶」，隨著他在「江湖」的地位逐漸上升，現在大家都叫他「奶哥」居多，而他也不辜負這「哥字輩」的封號，現在職棒圈的規模跟過往不能同日而語，但好像沒有「牛奶」不知道的事情，而且他似乎都是最早知道的那幾位，不過讓我很佩服的是，他始終善用他的人脈與第一手消息，他雖然經常會在社群搶先公布一些訊息，但不是那種會讓人反感的「爆料風格」，光是這一點就非常的不簡單。

「牛奶」在棒球圈目前是很多元的存在，從早期他在蘋果日報擔任體育記者，到現在他是球評，也是主播與主持人，文字工作他也沒有放棄，經常還是能夠看到他的專欄文章，他能夠活躍在各種角色之中，我覺得如果只能說一個原因的話，那就是「夠專業」，然而其專業也是建立在他記者的根本之上，所以「棒球驚嘆句」由他來接棒是最適合不過的。

二〇二四年中華隊在十二強奪冠之後，棒球的影響力也終於真正擴展到棒球圈之外，這些棒球人所說出的語錄、名言、金句等，再透過「牛奶」採訪時的觀察與解讀，除了能帶給球迷更多的想法外，相信也能給一般的讀者很多的收穫。

棒球主播、「團長」的蔡明里真心推薦。

不經意的話，成就津津樂道的名言

台南 Josh（棒球 YouTuber）

棒球驚嘆句出到了第四本，絕對可以算是一套成功的系列作了。但是第一次接觸到這本書的人可能會跟我最開始的想法一樣，這個系列的書大概就是常見的那種雞湯書吧？聽成功的人講述他如何成功，有時候會覺得是不是有點倖存者偏差。但是看了之前的作品我才知道不是這樣，它不單純是講述某個人如何成功，而更偏向是讓作者解析這些棒球選手或教練的某句話。這些話可能只是他們在某個不經意的情境下講出來的，但是卻成為了讓所有棒球迷津津樂道的名言。然而這些名言對於不了解整個事件背景的人來說，可能會覺得很雞湯，甚至會覺得這句話好像很沒邏輯，不知道是在講什麼？《棒球驚嘆句系列》就可以幫助我們了解背後的故事，這對於前陣子因為國際賽而開始對棒球感興趣的新球迷來說，這整套系列書都是很不錯的休閒讀物。

最新的這本《棒球驚嘆句4》是由球評牛奶王翊亘所撰寫，他是球評，曾經也是記者，學生時代也有參與過棒球隊，這樣的多重身分是他的優勢，能夠以更全面的角度來撰寫這本書。如果光看每一個段落的標題，有些棒球迷可能會想說，這幾句名言我知道是哪個球員講的啊，相關的背景知識我也很清楚。周思齊引退時講的「我們一起回家練球好不好」，林昱珉十二強奪冠時用英文受訪說的「小國也可以成為世界冠軍」，又或是郭俊麟有點自嘲開玩笑說的「來洗白的」，其實很多球迷都大概能講出這些名言的發生背景。然而透過牛奶的撰寫，不僅將背景知識補充得更完整，還加入了一些他的觀點所看到的東西，以及他過去跟選手教練接觸才知道的小彩蛋，有滿多是我在新聞媒體上也沒有看過的內容，讓我對這些我可能早就看過的「名言」有了不一樣的認識。

棒球驚嘆句是一套系列作，但是不同的作者就會呈現出不一樣的風貌，看完最新的這本《棒球驚嘆句4》之後，不妨也把前面幾本補齊吧，然後讓我們一起期待下一本的出現！

難以預測，卻讓人深深著迷

王翊亘

從以前到現在，寫好一本書到出版，從來都不在我的計劃範圍，即便我很喜歡用文字來表達我所採訪到的故事。

但人生本來就有很多事是沒辦法預期的，就像走到螢光幕前一樣。棒球教會了我很多事，帶我認識了許多人，讓我瞭解到最多的，是站在場上時，很多事情你沒辦法控制結果。投了一個也許是當天最完美的一球，卻有可能剛好碰上打者最完美的一擊；也許當天狀況不佳的打者，揮棒始終不順，卻有可能歪打正著，形成一支幸運的安打。

這就是棒球難以預測，卻也讓人深深著迷的地方，與其在意結果，不如把過程做好，想辦法把握每一次的機會，情願在場上能夠短暫燃燒發光，也比在場邊永遠等不到表現的時刻來得好。

所以當曾大哥（名球評曾文誠）問我，有沒有興趣跟總編輯聊聊，要不要接著寫《棒球驚嘆句》時，雖然有一點懷疑自己是否為適合的人選，畢竟我是記者出身，懂得報導新聞，卻不一定懂得如何寫出讓人感動的文字。

但也覺得這是一個機會，能夠為那些曾經與我深談過的球員、教練留下些什麼，也許是那些不為人知的私下對話，讓人能更加理解他們的初衷與背景。

在為每一個例行賽、國際賽，每一局的好投或每一個打席的成功加油吶喊時，那些場上的球員與場邊的教練，都是有血有淚有故事與感受的人物，特別是在臺灣終於登上了世界之巔，拉近了與棒球強權的距離之時，能夠走到金字塔的頂端，都是因為那些棒球人的辛苦付出，才能夠獲得的收穫。

當然還有你們，一路支持臺灣棒球至今的球迷們。

這本書寫到最後，我覺得應該可以讓大家更了解我眼中的好朋友，是如何因為棒球走到眾人的目光之前，又因為棒球有什麼在鏡頭背後的故事，希望你們會喜歡。

Contents

目錄

棒球驚嘆句4

推薦序—從經典話語中領悟棒球精神 蔡其昌 002
推薦序—親身訪談，文字更具故事性 曾文誠 004
推薦序—沒有奶哥不知道的事 蔡明里 006
推薦序—不經意的話，成就津津樂道的名言 台南Josh 008
序—難以預測，卻讓人深深著迷 王翊亘 010

心理強大，迎接挑戰

1 大膽的接受挑戰，人生才有不同的發展 吳哲源 018
2 我是一個救援投手 林岳平 022
3 這段路很孤獨，但重點是自己。 林羿豪 027
4 怕受傷而不去做，跟我的打球理念有衝突 林哲瑄 031
5 在棒球場上能做的就是相信自己 林家正 036
6 除了等待機會，還要創造機會 林智平 040

7 如果只是想著生涯長久，不如早點轉行 洪一中 045
8 投手哪個不是被打大的 郭泰源 050
9 如果再讓我選一次，我會勇敢留下 陳傑憲 055
10 人生就是從嘗試中吸取經驗來成長 曾豪駒 059
11 現在打得好大家都在學，這就是社會現實 詹子賢 064
12 棒球打到後來不是在磨練動作，而是在磨練心理 鄭宗哲 069
13 我就當作自己一無所有了 賴智垣 074

技術精進，唯有苦練

1 做不好的話就繼續練，棒球的道路上也只有這個方法 王柏融 080
2 機會來得快，走得也快，必須不斷追求想要的自己 王勝偉 084
3 棒球不是只有一種玩法 成晉 089

Contents 目錄

棒球驚嘆句4

4 所有一切都是基本功的延伸 江坤宇 094

5 棒球的打擊動作，跟高爾夫有關 胡金龍 099

6 走過的路不會白費 張瑞麟 104

7 好好練球 陳瑞振 109

8 從小到大，我的動作都沒變過 曾子祐 114

9 我不是很有名的球員，卻很了解球員需要什麼 黃泰龍 118

10 投球真的很難！ 潘威倫 123

11 一直重複做著無聊的事情，是成為頂級球員的必經過程 羅力 128

12 在棒球場上，大家的身高是一樣的 嚴宏鈞 133

13 聽別人的建議固然重要，但堅持自己的信念更重要 蘇智傑 138

堅持理想，扛起榮耀

1 好多人說偶像是王光輝，我想要讓這件事傳承下去 王威晨 144

2 能夠上場，什麼角色都很好 江國豪 149

3 我永遠忘不了這顆失投　吳昇峰 153
4 我們一起回家練球好不好？　周思齊 158
5 一個國家的棒球強不強，從他們能不能承擔失敗開始　林泓育 162
6 小國也可以成為世界冠軍　林昱珉 166
7 一起贏球的感覺才是最棒的，打多少轟對我來說一點意義都沒有　林智勝 171
8 想繼續成為花蓮棒球的榜樣　馬傑森 176
9 當球員是很幸福的事情　高國慶 180
10 要罵我，我一定會當面跟你道歉，但我不應該這樣封閉自己　郭阜林 184
11 來洗白的　郭俊麟 188
12 想辦法讓自己白一點　陳文杰 193
13 能打國家隊是一件很榮耀的事　陳冠宇 198
14 我就盡力讓自己不要那麼容易痛　黃恩賜 203

心理強大，迎接挑戰

一年這麼多個打席，不會每個打席都完美，但怎麼在每一次上場時去執行自己想要的策略，保持乾淨的心，才容易有好的結果。

～鄭宗哲

大膽的接受挑戰，人生才有不同的發展

吳哲源

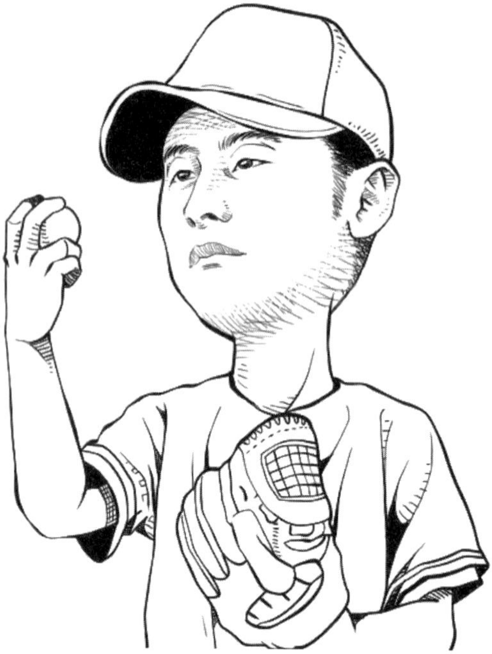

吳哲源

英雄不怕出身低的代表人物，吳哲源剛進入職棒時，還有球迷誤以為他是內野手，從新人年的一鳴驚人，到沈澱許久，勇於接受挑戰的機會，讓吳哲源成為球隊王牌並成為國手。但能否克服傷痛，將是他再次發光的艱難挑戰。

我記得二〇一六年，吳哲源以第十指名被中信兄弟挑中時，網路上的球迷還把吳哲源認作二壘手。但老實說這個笑話，其實就是吳哲源一直以來棒球路所遇到的現實狀況，身材不突出、從沒在名校打過球，永遠都不是大家會注意到的選手，能打進職棒就已經是第一個奇蹟。

一七五公分跟八十公斤的身材，作為野手，吳哲源的條件並不突出；作為投手，更不會讓人多看一眼，唯一能講出來的優點，就是不錯的協調性，因而有很好的控球能力。即使是這樣，吳哲源仍對自己很有信心，他說：「我有想像過，自己能在職棒場上留下什麼成績，而且我把自己的表現想得比現實更好。」

但在二〇二二年之前，這些東西聽起來就像是癡人說夢。最值得稱許的一年，是吳哲源的新人年，曾經短暫的擔任過終結者，可是在那之後，基本上稱不上是一軍戰力，甚至還在釋出邊緣。而這樣的球隊角色定位，到了二〇二一年的球季末，才有了轉機。

吳哲源說，自己一直都有轉任先發的念頭，二〇二一年的二軍總冠軍賽，加上疫情讓球隊投手定位亂了套，才有真正的機會。「王葛格（王建民）那時

我願意穿著浸滿汽油的衣服走過地獄，只為了打棒球。
～彼得·羅斯（Pete Rose）

問我要不要試試看？我說好啊，結果投得不錯，也讓球隊看到我有這樣的能力。疫情改變了許多人的生活，也改變了我的人生，大膽的接受挑戰，人生才有了不同的發展。」

在那年的二軍總冠軍賽，吳哲源擔任第一與第五戰的先發，從沒擔任過正式先發投手的經驗，卻投一休四，合計用球數一七四球，他坦言：「其實投到最後，真的感覺快沒力了，我就是全力去投每一顆球，想辦法用一貫的力量，把每一顆球的品質投好，想辦法用一百球去延長每一局的投球，完成先發投手的任務。」

就某方面來說，如果機會降臨卻不敢接受，職棒生涯可能就會告一段落了，此時不拚更待何時？接下挑戰，還表現得比一般先發投手更好，扭轉了吳哲源的職棒生涯，讓他開啟了從沒想像過的大門，二〇二二年成為中信兄弟的先發輪值，二〇二三年還進入世界棒球經典賽的國手名單。

從球隊的邊緣人變成國手，這樣的故事可以稱得上第二個奇蹟吧？甚至在當時，吳哲源其實差一點要被刷出國手名單了，要不是曾仁和受傷，不會有後來的「抗荷殺手」，面對荷蘭的大聯盟打線，繳出四點一局無失分成績，幫助臺灣拿到重要勝利。

而這個奇蹟，就跟一年多前的二軍總冠軍賽一樣，吳哲源說：「就盡力去投每一顆球，想辦法讓打者出局，想辦法讓國人看到我的表現。」面對不同的挑戰，吳哲源都大膽接受，並且樂於迎戰，讓他突然竄升在大家的面前，用低角度的伸卡球與精準控球，成為球迷所信任的先發投手。

故事的篇章說到這裡，大家或許後來都知道吳哲源的狀況了。跟過去相比突然暴增的工作量，讓吳哲源的肩膀無法負擔，長期養傷了許久無法歸隊，復健進度一直卡在傳接球，讓何時能夠重回戰場的答案始終是問號，這樣的影響，就算吳哲源再怎麼樂觀，偶爾私下對話時，也還是可以聽出他的氣餒。

不過比起從未留下些什麼的職棒生涯，吳哲源已經寫下許多人無法做到的事跡，在有限的球員生涯裡，我認為曾經留下讓眾人無法忘記的情境與成績，就是難能可貴的事情。職棒球員每年來來去去，許多人懵懵懂懂進來，卻也直到離開後才後悔，吳哲源不僅創造了奇蹟，也讓每一天都不留後悔。

如果最終，吳哲源能克服投手最害怕的肩膀傷勢，再度以一軍先發投手之姿站回投手丘，那或許就是吳哲源所創下的第三個奇蹟。

詩人就像棒球投手，他們都有閃光的時刻。真正困難的是那些等待的間隙。
～羅伯特・佛洛斯特（Robert Frost）

我是一個救援投手

林岳平

林岳平

媒體最喜歡的總教練之一，妙語如珠無所不答，看似幽默風趣的背後，卻也頭腦清晰，且心理素質強大。心臟曾二次動刀，面臨生死關頭仍能輕鬆看待，讓他不管大小事總能冷靜面對，無論球員或執教生涯，都是稱職的救援王。

生涯一二九次救援成功，林岳平在子弟兵陳韻文超越他之前，是中華職棒史上的救援王。「我是一個救援投手。」這句話是林岳平的口頭禪，從他嘴裡說出，好像也沒什麼大問題，甚至可能，他就是那個代表性人物。

但這也就是林岳平的哲學，哪裡有需要，他就去哪裡頂上，不單單只是「救援投手」這麼簡單，而是「救援」所有有需要的地方。

二〇二〇年球季開始之前，林岳平從二軍投手教練直接被拉上統一獅總教練位置，因為統一獅需要一個能幫球隊打出新氣象的總教練，一舉扭轉當時低迷的氣氛，一開始林岳平還是「代理」，當時曾有許多人為他抱不平。

據說當時，球團同時徵詢了林岳平跟高志綱，最後是林岳平一肩扛起。有人願意跳這個火坑已經不容易，球團卻僅讓林岳平先掛「代理」，不過，林岳平覺得沒什麼關係。「代理或正式有什麼差？我就是來救火的，把事情做好比叫什麼名字重要。」林岳平說。

會說出這樣的話，也的確跟林岳平的棒球生涯遇過許多次「救火」的場面有關。二〇〇二年的釜山亞運，大家關注的是旅外的郭泓志、王建民，或是國內的強投宋肇基、蔡仲南，業餘身分的林岳平，當時並沒有獲得太大的注意。

然而業餘的林岳平，卻在面對韓職全明星陣容組成的韓國隊，繳出中繼四又三分之二局無失分，還連續三振強打李承燁以及金東柱，就此一戰成名。他說：「當時根本不知道對戰的打者是誰，只是教練想到我，要我上場投球，我上去了，才知道他們那麼厲害。」

直到現在，林岳平依舊背得出當時韓國隊的先發名單，「那是我的成名作耶！」林岳平對此仍相當得意，而此戰也開啟了他的救火人生。

進入職棒後，林岳平從球隊期待的先發投手，轉任把守最後一關的終結者，角色轉換沒有遇到什麼大問題已屬不易，二〇〇八年擔任終結者時，還能在亞洲職棒大賽面對ＳＫ飛龍時，先發七局只失三分奪勝。講起這些往事，林岳平總會咧嘴露出他的招牌笑容：「我就是救火隊的咩！」

遇到狀況時不僅敢挺身而出，還總是做得比預期來得更好，林岳平的「強心臟」，是他能扮演救火隊總能稱職的最主要原因。兩度遭遇生死關頭，需要進行心臟瓣膜置換手術，面對最高百分之七的死亡率，那些在投手丘上的壓力、在比賽進行時一定得做的關鍵抉擇，看起來也沒什麼大不了了。

「比賽會結束，但人生還很長。」在第二次去動心臟手術前，林岳平率隊衛冕失利，打完臺灣大賽後立刻去動手術前，他說出了這句話。

即便領軍首年就拿到冠軍，第二季也順利打進總冠軍賽，用長期眼光來看，林岳平還是覺得執掌球隊兵符最重要的任務，是改造統一獅隊體質。因此他與管理階層合作，逐步透過選秀挑入高潛力年輕球員；再引進納瓦洛、馬修爾、玉木朋孝等外籍教練加強球隊訓練，成功讓林靖凱改守游擊、陳重廷扛起工具人、古林睿煬等年輕投手慢慢竄出。

「你知道嗎？其實我最想做的，還是留在二軍培養年輕球員。」過去不只一次，林岳平講起他的願望，其實是想要在農場陪著年輕球員長大，他說：「看著球員慢慢進步，那種成就感是比你帶領球隊拿下勝利還多的。」

二〇二三年球季，林岳平擔任了經典賽的國家隊總教練，領軍統一獅隊也拿到季冠軍並打進季後賽，以總教練來說絕對能拿到八十分成績，他卻在球季結束後提出了辭呈，最後球團慰留成功，林岳平也帶領統一獅隊續戰二〇二四年球季。

可能是領軍四年，各項大小戰役都經歷過後，感到了些許疲憊，但林岳平也曾講過，自己可能不會擔任太久總教練。一方面是身體狀況，二方面是老搭

沒有棒球，我會在哪裡？沒有棒球，我又是誰？
～鮑勃・尤克爾（Bob Uecker）

檔高志綱也有具備擔任總教練的特質，且不吝自費進修棒球新知。不過現階段，統一獅覺得還需要林岳平繼續在崗位上持續改善球隊體質，林岳平也才繼續留下，擔任總教練位置。

救援救成主角的林岳平，擁有不管在生理或心理上都要比別人大顆的心臟，第二次動心臟手術前，仍持續在球場上鍛鍊，「我是在備戰啊！場上的比賽打完了，我還有場下的比賽要打。」說過因為身體狀況，不一定會當太久總教練的林岳平，還能變出什麼樣的火花，且讓我們拭目以待吧！

嗯，棒球就是我的全部人生。從來沒有什麼比棒球更有趣。
～米奇·曼托（Mickey Mantle）

這段路很孤獨，但重點是自己

林羿豪

林羿豪

國中時就可飆出連大人都難以投出的速度，某方面來講，林羿豪真的是天才。天才的後續故事雖然不一定讓人稱羨，至少林羿豪努力過，也不輕易放棄，比同期球員更早提早長大的過程，林羿豪自己嚐完酸甜苦辣。

林羿豪在臺灣球員的發展歷程裡，算是獨特的球員。在棒球風氣不算特別興盛的新竹，林羿豪卻鶴立雞群，不僅身高高人一等，還用側投能飆出近一五〇公里。從小離家，國中畢業就到日本開啟職業球員生活，「這段路很孤獨，但重點是自己。」這句話由林羿豪口中說出，格外有說服力。

小時候的林羿豪有多強？國中就可飆出一四九公里極速，且用側投方式，還能丟出犀利的指叉球。讓林羿豪國小畢業就從新竹到臺中打球，更在國中畢業赴日發展，國中的老搭檔劉時豪回憶：「要國中生接捕指叉球真的太難了，何況速度還超過一四〇公里，林羿豪就是那時同期球員裡，怪物般的存在。」

也或許是從小實力超人一等，讓林羿豪早早需要離鄉背井，在棒球員這條路上，往往只能仰賴自己。林羿豪說：「既然選擇了一個方向，就要堅持下去。這段路很孤獨，會有很多的流言蜚語，但重點是自己。不要管別人說了些什麼難聽的話，只有堅持努力，才有機會看到自己想要的結果。」

從小林羿豪可說是嚐盡人情冷暖，以臺灣怪物等級存在的天才球員，雖然來到日本，與豪門球隊讀賣巨人簽約，但也只能以育成球員身分，邊練球、邊唸書，等待高中畢業。總算擁有職業球員資格後，二十歲在二軍奪下十六次救援成功，但二〇一三年狀況調整不佳隨即被釋出，於二十二歲提前終止旅日夢想。

「老皮」是林羿豪的綽號，意指他長相老成，但他的成長道路何嘗不是如此？國中畢業就旅外，大學畢業的年紀就遭釋出，太早天賦過人，是不是也要被迫提早長大？即使看盡現實冷暖，林羿豪仍知道自己最想要做的事情，還是站在投手丘上投球，即便環境不同、待遇不同，但這是他最喜歡的事，也是從小到大最擅長的事情。

作為球界少數的速球型側投投手，每一次大鵬展翅的飆速，就像是棒球圈內的稀世珍品，林羿豪讓人目不轉睛，卻同時是一種七傷拳。特殊性讓對手難以抵抗，也同樣侵蝕他肩膀的旋轉肌、關節唇，那些就算鍛鍊再多，也無法變得更加強壯的部位。

球速隨著出賽數呈現負相關下滑，角色越吃重，對身體的考驗越大。不過每次遇到林羿豪，他總是笑笑說著一切，「能投球就好啦！」如果某個角度，會讓自己的肩膀、手肘不舒服，那就調整一下放球點，改變一下主戰的球種，甚至再調整一下自己的配速。一切的目的都只是為了繼續上場投球，「能夠站

我立志要成為我這個時代最好的裁判，但我不知道，成為偉大需要什麼。
～道格·哈維（Doug Harvey）

在場上，就讓我覺得自己是特別幸福的人。」林羿豪說。

「從以前到現在，就算身體不舒服，我也不管它，想辦法用以往的方式來投球。」這是林羿豪對抗傷痛的方式，也是在中職累積三百二十場出賽的秘訣，就算關節唇破裂，也是用這樣的方式來延續職棒生涯。或許就像他說的，「這段路很孤獨，但重點是自己。」只有自己才知道，自己的極限在哪裡，身為職業球員，如果不能夠燃燒自己，或許所謂的職業生涯，很快就將面臨句點。

現在林羿豪褪下職業球員身分，回到新竹擔任教練。如今的新竹跟當時林羿豪唸書時相比，已不再是「棒球沙漠」，三級棒球都有一定實力，也讓在地球員有可以留下的機會。林羿豪能做的，就是用過往的經驗，讓這些小朋友不用提早面對社會現實，讓未來這些有潛力的球員，能夠完全茁壯再來面對挑戰，這段路或許真的很孤獨，至少教練可以陪你一陣子。

怕受傷而不去做，跟我的打球理念有衝突

林哲瑄

林哲瑄

球迷或許不太喜歡、但隊友們總是很挺的林哲瑄，到底有什麼一般人所不知道的魔力？除了肉眼所及的精準外野飛球判斷、宛如雷射肩的臂力外，在場上的拚勁與訓練態度，林哲瑄作為球員的角色絕對無可挑剔。

如果選一個，二〇一〇年左右到二〇二〇年，臺灣守備最好的中外野手，林哲瑄大概是最多球員或教練會點到的名字。廣大的守備範圍、良好的飛球判斷、優異的傳球臂力，還有那奮不顧身的接球嘗試。即便曾經弄傷肩膀，林哲瑄還是義無反顧，沒有太大改變。他說：「怕受傷而不去做，跟我的打球理念有衝突。」

說到林哲瑄，可能外界跟內部有截然不同的看法。討厭他的人，覺得他情緒化，覺得他曾經「801」隊友；但了解他，或是喜歡他的人，知道那是他對比賽的熱情，在乎比賽的內容。雖然處理方式可能沒那麼好，但林哲瑄在場上與場下，是能感染隊友的好球員，這也是他比賽的方式。

會有這樣的個性與態度，除了天生的脾氣之外，林哲瑄曾經旅外過的經歷，讓他對於場上一切都看得格外重要。高中時，林哲瑄就是球隊的絕對主力，「能夠站在那個位置（中外野），你就會知道你比其他人好一點。但到了美國後，要繼續站在那裡，得面對更多的競爭對手，必須要學習更多的東西才行。」

進入紅襪小聯盟體系後，球隊告訴他要學著閱讀比賽，了解打者的揮棒，自己要先做好各種守備判斷預想。「我必須要學習，怎麼樣成為一個最好的外野手，當時的紅襪農場總監也這樣告訴我，是時候學習解讀比賽了。」林哲瑄說。

紅襪帶給林哲瑄更重要的一件事，是對於上場比賽的渴望與拚勁。「打出去，就全力跑，play the right way, work hard and play hard，說起來很簡單，但要去做很困難。」林哲瑄坦言，有時候表現不佳，心情會受影響，在場上難免會因此怠慢，但升上大聯盟，看到當時的紅襪隊長Dustin Pedroia，不畏傷勢困擾，堅持要上場比賽後，這樣的觀念也從此深植林哲瑄的內心。

「我升上大聯盟時，紅襪是墊底球隊，戰績最爛的那種。」林哲瑄回想：「有次我背不舒服在防護室裡治療，看到Pedroia在試穿美式足球的防護衣，內裡有護墊的那種，聽到防護員說，他的肋骨好像裂了。但Pedroia還是想上場，沒有因為受傷，沒有因為戰績不佳就想要休息，他還是每天只要有辦法就想上場比賽，這就是大聯盟球員對待比賽的態度，我覺得我也應該這樣效仿他才是。」

對於棒球的態度，深植內心的想法，並沒有因為回來臺灣之後而改變。林

所以我長得醜，那又怎樣？我從沒見過有人靠臉就能把球打出去過。

～尤吉・貝拉（Yogi Berra）

哲瑄坦言，回臺灣之前，很多人跟他說過，「要回來這邊，打越久的話領越多。」但林哲瑄沒有因此改變想法，他說：「我不知道，我覺得我有自己的打球理念，別人說歸說，我還是照自己的感覺去比賽，什麼時候該怎麼做，不會因此有所保留，這本來就是比賽時該呈現的內容。」

所以或許也是為什麼，看到隊友該做的守備動作沒做，林哲瑄才會有情緒反應，這當然不是幫他開脫，我也覺得或許有更好的處理方式，但這已是在他心中深植的一個觀念。即便到了那個還需要改進的新竹棒球場，他仍沒想太多的撲了下去，最後換來了左肩上的三個洞口傷疤。

「其實不知道為什麼會撲，只是覺得好像接得到而已。」林哲瑄說。撲完起身後，林哲瑄知道自己應該受傷了，但他仍跟那時候的總教練丘昌榮說，「等我一下，我看看休息一下後可不可以。」結果當然是不行，手完全舉不起來的當下，他知道自己將迎來生涯最大的傷勢。

「那時候想一想，都會不小心掉眼淚……哎，就覺得為什麼會這樣，為什麼打到一半沒辦法跟大家一起比賽，不能比賽的那種心情，真的是很難受。」想到可能沒辦法再回到球場，或是沒辦法再跟隊友一起比賽，林哲瑄的心情格外痛苦，這也是為什麼，他術後復健發現沒太大影響之後，就拚了命的苦練，一心只想著要準時歸隊。

雖然重新回到球隊後，林哲瑄的重要性，隨著年紀和成績，漸漸轉為輔助角色，守備位置也從中外野退往旁邊的右外野，但他就像往常一樣，還是那個外野遊俠，不論是優異的飛球判斷，抑或奮不顧身的接球，還像是我們所熟悉的那個林哲瑄，沒有改變過。

很難打敗一個從不放棄的人。
～貝比・魯斯（Babe Ruth）

在棒球場上能做的就是相信自己

林家正

林家正

或許擔任捕手的人都有一個特質，就是腦袋特別靈活，思想特別清晰，知道什麼時候該做什麼事情，知道什麼時候自己要的是什麼。林家正國中畢業就決定赴美打球，在美國唸書的時候培養了獨立自主思考的個性，成為臺灣少見的美式捕手，配球風格與眾不同，林家正說：「在棒球場上能做的就是相信自己。」

配球一直是一個很玄，又沒有客觀評價的東西，配球好壞似乎只能呈現在結果上，以及搭配的投手感覺裡。有的捕手強勢，即便配球靈活可能也不受投手喜愛；有的捕手習慣溝通，以投手為主，但最後可能結果不理想，也與配球優秀的評價沾不上邊。林家正是都兼顧，有自己的想法，更能夠與投手達成共識，畢竟在美國這種弱肉強食的競爭環境，不拿出特色與成績，不可能持續的往上挑戰。

在不是自己熟悉的環境裡，唯一能相信的就是自己。林家正說：「棒球是一個失敗率很高的運動，但站上場之後，如果你還懷疑自己的話，更不可能把你最好的一面拿出來。在美國，不論是高中、大學或是小聯盟，其實比賽都一直在打，最後我才知道，不論狀況好與壞，能不能用同樣的態度去面對比賽，其實是與自己在對抗。」

身為捕手，能不能把信心傳達給隊友，更是一件不容易的事。捕手作為場上的指揮官，對於自己的觀察有沒有信心，會影響到每一顆配球的邏輯；對於自己的傳球臂力有沒有信心，會影響到每一次跑者離壘的距離。更何況是一個亞洲人，從配球、佈陣、防守戰術下達，都要從捕手這邊發出，如果沒有自

如果你相信你的捕手足夠聰明，並且擁有豐富的經驗，那麼把比賽幾乎完全交到他手上，是一件好事。
～鮑伯·費勒（Bob Feller）

信，也會影響到隊友的臨場發揮，但林家正卻能做得很好。

或許跟林家正自己知道，缺乏什麼就去補足什麼的自發性有關。想要與隊友充分的溝通無礙，在剛到美國的時候，他主動與隊友、同學們聊天，讓同學們願意「情義相挺」，每星期抽兩天擔任他的英文家教，英文能力趕上進度；赴美打球是夢想，為了能夠提早適應美國的棒球文化，才提前到國中畢業就去美國唸書，最終也真的完成打進美國職棒體系的夢想。

從技術端加強的部份，也可看出林家正的自發性。從NCAA時期開始，林家正雖然是球隊的中心打者，但始終被評為守優於攻，因此如何提升攻擊能力，也是林家正在例行訓練之外的課題。受到飛球革命影響，林家正先找到了改造Justin Turner獲得成功的Doug Latta，經過兩年的季外訓練後，真的提高了擊球仰角，但也增加了揮空率，如何取得兩者之間的平衡，又是林家正開始思考的問題。

於是林家正主動跟隊友詢問之下，換了新的私人打擊教練，嘗試與過去截然不同的打擊機制，相信自己必須要持續做出改變之下，二〇二四年的小聯盟攻擊數據終於看到起色。所以在這樣的背景下，即使一開始在世界十二強賽裡，攻擊狀況不盡理想，他也還是用同樣機制面對國際賽場上每一個強投，最終所呈現的不僅僅是守備，還有後段棒次難得的適時一擊長打。

這也是為什麼，不論每次投捕開會時，林家正總能用堅定的語言給予投手信心，要投手相信他，要投手把最好的球路投進來就好；這也是為什麼，林家正針對每一個淺球數過來的直球猛力揮擊，他知道自己這些年來的打擊調整，一切都是要在關鍵的時候試圖做出貢獻的一擊，而他真的都做到了。

林家正的故事告訴我們，有的時候，球員要的其實就是在場上的信心。能夠站上賽場的，都是有資格跟對手一拚的球員，過多的資訊與過多的介入，反而會讓各個球員無所適從、懷疑自己，球員可以自主去做更多嘗試，就算失敗了，也能因此累積經驗，成為下一戰的勝利基礎。「踏上球場時，一定要認為自己就是那個最好的球員。」林家正的棒球哲學從此展開，「因為捕手就是要領導大家，我如果不相信自己，隊友又怎麼相信我？」

不可能和可能的差別，在於一個人的決心。
～湯米·拉索達（Tommy Lasorda）

除了等待機會，還要創造機會

林智平

林智平

年近四十仍有六塊肌，過往著稱的是巧打與速度，林智平沒有因為年紀漸長而鬆懈，反而練得更勤。看不見速度的下滑，也瞧不到打擊的退化，比起年輕時，林智平更全面，也更願意等待那職棒生涯裡的下一次機會。

三十九歲的內野手，過往的特色是速度，以各國的職棒環境來說，林智平早該離開這競爭的環境。之前三年，林智平的一軍出賽數合計是三十八場，似乎已不在戰力規劃藍圖內。但林智平說：「除了等待機會之外，還要創造機會。」他以全新一壘手的角色，進入了樂天桃猿的開季一軍名單，還成為球隊奪勝的關鍵英雄。

說到林智平，每個人提到的特點絕對都是「自律」。運動員生涯到了末期，身材走樣的人比比皆是，但林智平不僅跟過往身材差不多，甚至還比過去更結實，衣服一掀開來，就可看到腹部六塊肌，雖然六塊肌跟場上表現不能成正比，但這絕對是自律的成果，平常若有偷懶，可能腹部就是「團結一塊」。

常聽許多球員說，在二軍等待機會很容易消磨人的意志。二軍的環境不若一軍，環境較為「克難」之外，又要頂著豔陽操練、比賽，南臺灣夏天的太陽，就算是從小操到大的球員，也是勞其筋骨、苦其心志，不是單純還想繼續球員生涯的想法就能撐下去。

「我覺得我還有目標吧！」林智平淡然說著這幾年的過程，他坦言就像許多資深球員一樣，都有被球團問過是不是該轉教練了？「但我還想繼續打球，像生涯千安就是一個目標，不過那其實只是一個想法，自己想要的，是還能夠在場上幫助球隊做貢獻，不論是多細微的貢獻。」

在臺灣高度菁英化的棒球環境下，林智平可能就是那個天之驕子，從小到大都是主力球員，他說：「快樂打棒球？那時候有吧，我知道我是全國頂尖的球員，就算犯錯，教練也會繼續給接下來的機會。」可是隨著年紀漸長，越來越不在球團的戰力規劃內，犯錯的機會是戰力末端球員無法奢求的東西。

「可是在二軍的日子裡，我反而重新享受到快樂打棒球的滋味。」林智平說：「在這邊，我覺得每一天都很踏實，知道自己練了什麼、準備了什麼、調整了什麼，獲得了很多以往從來沒有得到過的經驗，也終於了解，從小到大教練為什麼要強調細節，細節是幫助你有更多機會成功。」

棒球是一個結果論的運動，在職棒場上，討論數據、討論勝敗，都是用成敗論英雄。過往林智平就跟現在的年輕球員一樣，只想要快點獲得結果，無論各種方式，因為爭的是一個表現的機會，以及繼續留在場上的時間，「所以年輕時的我，又或者現在的年輕球員，才會沒有那樣的穩定性，因為我們都只想要結果。」林智平說。

在二軍的日子就像是自我的修煉，高度的自律性也讓當時的二軍總教練陳瑞振，決定出手幫他一把。陳瑞振說：「他還有一軍的實力，雖然在三壘的靈敏度不像過往了，但應該還是可以在一軍發揮，我想要幫他找位置，就叫他去一壘。」

身材不算高大，過往也從來沒守過一壘，突然接到這個任務，林智平沒太多想法，教練安排了就上。「如果我有很多很好的特點，那我也早就該上去（一軍）了，除了等待機會之外，也要去創造機會，只要有某一個特可以讓教練團使用，那我就能補上團隊中某一個細微空缺。」林智平說。

透過二軍比賽實戰，林智平開始成為一壘的輪替者之一，去年更有著超過三成五的打擊率，最終被帶進臺灣大賽名單中，球隊新任總教練古久保健二，也把關注目光移向他身上，覺得他能夠成為一壘的活棋，補上陳俊秀離隊的空缺。

「球隊有這樣的老將是幸福的！」陳瑞振說：「能夠帶給年輕球員一個正向的循環，學長都這麼認真了，學弟能夠不跟上嗎？機會來臨時，就算不是你所擅長的，也能夠透過過往注意的細節，一步步把每一個部分來做好。」

能成為過去與現在的橋樑，連結不同世代，是一種奇妙的感覺。棒球這項運動做到了，而我，只是其中微小的一部分。
～文·史考利（Vin Scully）

職棒三十五年四月二十六日與中信兄弟之戰，樂天桃猿克服了大幅落後，最後靠著林智平在滿壘的再見安打，九比八逆轉獲勝，那一刻似乎把林智平這三年的苦，一口氣都吐了出來。「努力值得嗎？其實我現在已經不會這樣想了，還能在場上打棒球，真的是一件快樂的事情。」林智平微笑說道，就像是看盡一切那樣，能繼續享受棒球，便是美好。

棒球教會你，即使你十次中失敗七次，你仍然可以是個偉大的打者。

～泰德・威廉斯（Ted Williams）

如果只是想著生涯長久，不如早點轉行

洪一中

洪一中

臺灣最多勝的總教練，像是個關心你的老父親，常會做許多叮嚀，因此讓人覺得他嚴厲，也有許多球員當下會因此害怕而疏遠；但其實事後回想，職棒圈打滾三十多年，洪一中的叮嚀不是沒有道理，也是他能在這個賽場上生存如此久的關鍵。

台鋼雄鷹總教練洪一中是臺灣職棒史上最多勝的教頭，但從整個職業生涯來看，不管是球員或者是教練時代，在本壘板後方蹲捕，還是在場邊督軍，洪一中總是站在戲棚下最久的那個人。

「如果只是想讓職業生涯長久，還不如早點轉行，不要打棒球了。」洪一中對於「職業球員」，有著如此註解。

從La new、Lamigo（要把這視為同一支球隊也行），到富邦悍將跟現在的台鋼雄鷹，對洪一中來說，長達二十多年的執教生涯，有順遂也有不如意，不過他始終堅持在那邊，把每件事情都做到盡、做到絕，是他職業（球員和教練）生涯如此長久的原因。

洪一中有許多令人印象深刻的金句，他過往常常在桃園棒球場三壘側那個藤椅上，跟記者暢談人生觀、棒球觀，像是「能當球員就不要當教練，能當教練就不要當總教練。」這種從千勝教頭口中說出、格外讓人無法置信的話，但確實也符合洪一中的理念，「把每件事做到盡、做到絕」。

來到台鋼雄鷹之後，許多過去被他帶過的球員都說：「洪總跟以前不一樣了，變得比較和藹可親。」甚至也有一些年輕球員說：「洪總不像傳說的這麼兇。」其實我都是笑笑帶過，無論是千勝教頭，或是過往兄弟象那個本壘板後的不動指揮官，對勝利的渴望與對職業的嚴謹，只是你們還沒發現而已，果然看著台鋼這些年輕球員在場上操練時，洪一中突然有感而發，金句製造機又要來了。他說：「年輕球員打職棒真的不要想著長久就好，與其這樣不如不要打，早點轉職，到社會去增加其他歷練，比起在職棒場上消磨時間有意義。」

這句話也引起了我的興趣，畢竟採訪職棒這麼久，許多球員都說生涯長久最重要，因為打得久，薪水就賺得多，對於生活與家境也有幫助不是嗎？

聽到我的疑問，洪一中開始解釋他的想法：「如果球員只是想要打得長久，代表你練習或比賽時都沒有用盡全力。在職棒這種高度競爭的環境，只要沒有用盡全力，就代表你隨時都有被人家超越的可能，只是想著要長久的職棒生涯，搞不好生涯從來沒有高峰過，沒多久就離開這個環境了，與其這樣離開，不知道接下來要做什麼，不如早點離開，想想自己的未來。」

作為領軍資歷超過二十年的教頭，洪一中有他喜歡的球員特性，也了解球團高層在每年做陣容整理時的邏輯，他說：「如果你曾經創造過生涯高峰，就

成功不是最終的，失敗也不是致命的，最重要的是繼續前進的勇氣。
～米奇・曼托（Mickey Mantle）

算受傷了，或是低潮了，球隊也會稍微等你；如果只是想打得久而保護自己，反而最先離開的是你。」

仔細想想，洪一中在球員生涯時不也是如此嗎？即便偶爾身體不舒服，但他從不喊苦，吃了止痛藥就直接上場。其他球員想要拿到球隊先發捕手的工作，想要取代洪一中，除了實力夠強，不可能等得到洪一中自己說不行的空檔去蹲捕，因為這是一份難能可貴的工作，沒有讓給別人的理由。

球員用例行賽成績來談薪水，總教練則用戰績來延續合約，這或許是再平常不過的道理，但從洪一中口中說出，格外的有說服力。他曾強調：「認真在職棒賽場上只是必備的條件之一，你認真的把教練的課表練完，別人也是，憑什麼教練要用你？除非你比別人更認真、更努力。」

也許洪一中對勝利的執著，比起許多人更強烈，這樣的個性或許在球員間不是太討喜，但這正是他成為歷史名教頭的原因，比起其他不到三年就黯然下台的總教練，洪一中屹立了超過二十個球季，對職業棒球的理解，絕對有其道理。

洪一中有感而發的講完對於工作的認知後，就揮揮手，馬上又從旁邊的休息區，走上場內緊盯著台鋼雄鷹小將的練球，即便現在職業球隊分工細膩，訓練也有各部門教練緊盯，但洪一中仍舊全場走透透，沒有放過任何一個技術訓練的角落。

永遠覺得練得不夠、永遠要做到盡，這可能就是洪一中璀璨職業生涯的秘訣，下一個能做到此境界的總教練，或許還在不可見的未來。

如果你不相信自己能贏，那麼你已經輸了一半。
～小肯·葛瑞菲（Ken Griffey Jr.）

投手哪個不是被打大的

郭泰源

郭泰源

臺灣天才投手的早期代表，即便退休許久，身上仍有看不見的光芒與氣勢，每次跟郭總對話時，總不自覺敬畏三分。年輕時就在日本職棒打拚，在那個洋將限制嚴格的時代，你贏了我就沒飯吃，為了生存下去，自然養成對決霸氣。

如果說，我這個年代的偶像（四十歲前）是王建民的話，我爸媽時代的偶像，大概就是郭泰源。許多人都說，臺灣投手天賦最高的人，不外乎是曹錦輝、郭泓志，不過如果考慮年代給予的資源輔助，以及實際繳出的職業成績，在投手天賦這一塊上，我大概會選擇郭總。

而郭總在職棒場上瀟灑飄逸的時代，我還只能「媽媽十元」，大多是懂事後，網路資源也多了，才能夠透過影片回顧那時候的郭總有多強。實際的印象，則是郭總退休轉任幕後了，偶爾在飯局上遇到，或者是擔任教練、總教練時，才有機會好好深談。但舉手投足間，過往那個王牌投手的霸氣，還是會無意間展露出來。

「投手哪個不是被打大的？」有次在賽前訪問時，跟郭總講到當時還是新秀投手的陳韻文，突然又獲得這樣霸氣十足的答案。但除了霸氣之外，郭總的想法還是有其道理，「講實在的，指名第一進來，不是要放著生鏽，他們只差在經驗，還是要讓他們多磨練。」

這觀念好像跟現在大聯盟有點類似。以往都覺得，年輕新秀都要在小聯盟「準備」好了，才會在大聯盟有比較穩定的成績或生涯，但現在大聯盟從一開始就鼓勵球隊提早「開箱」潛力新秀，如果有新人王排名前三，或是賽揚獎、MVP排名前五的話，就可獲得獎勵選秀籤，這也讓越來越多球隊願意提早開箱大物新秀，直接在大聯盟層級吸收經驗練等。

而這個霸氣採訪的背後故事，則是當時二〇一四年第一指名的投手陳韻文，加入職棒還不滿三個賽季，在二〇一六年直接開季成為一軍先發輪值名單。「英才教育」的使用方式，讓陳韻文一開始雖然投得跌跌撞撞，首場先發僅投一點一局失掉八分，但三天後再先發，卻繳出六局八次三振、失一分的優質先發內容。

也從這個球季開始，陳韻文成為統一獅投手陣中不可或缺的角色，即便沒能成為一開始郭總所設定的先發輪值，轉任中繼後援後，也找到了另一片天，現在更是中華職棒史上最多救援成功的保持人。還真的就像郭總所說，被打，卻越長越大。

郭總擔任總教練的戰績，與過去球員時代的成績，許多球迷都認為相差甚大，還有一部分人認為，郭總的觀念與想法，跟現代棒球相差很遠。不過郭總對於棒球的理解，其實可以幫助球員的想法簡單化，以運動心理學來說，簡單的想法，若能幫助帶給球員自信，則在場上會有更快速且精準的臨場反應。

類似想辦法去提升球員自信的發言，郭總過往就曾講過：「怕輸就不會贏。」「投手跟打者就是對決，不是你沒工作，就是我沒工作。」又或者是在場上投手遇到危機時，他直接跟投手說：「你不用這樣看我，我不會換你下去的，自己捅的婁子要自己解決。」

而讓許多球迷覺得殺豬公的，則像是「手痛一半是心理作用，多投幾球就不痛了。」這類發言，當然時空背景不同，背後的故事也不同，但在以往採訪過程中，許多傷後復健的投手都會提到，有時候就是要跨過「那個痛點」，才能夠提升到另一個層次；甚至王建民在回想過去的復健過程時，也曾提到教練不斷的激勵他，不要因為痛就不用力投了，也才有回到大聯盟的一天。

現在郭總因為身體健康狀況退居幕後，但仍擔任富邦悍將的顧問與副領隊，持續在每一場比賽、每一次練球之間，提供年輕球員最直接，也最無價的經驗傳承；甚至其他隊球員心中有疑問時看到郭總，也會向他請益，東方特快車的棒球講堂，總是會臨時在場邊開課，吸引無數學生參與。

當時郭總講完對菜鳥陳韻文的看法後，我突然覺得邏輯雖然對，但郭總說

你必須期待自己成功，才能真正成功。
～斯坦・穆休（Stan Musial）

出來還是覺得怪，畢竟這個在日職奪得百勝的大投手，哪有什麼時候被人家「打」過？

郭總笑說：「有啊！我在日本時，常常被人家打。」即便被打爆的次數不多，卻仍印象深刻，每場比賽都是經驗值的擴充啊！

棒球的揮棒是一件經過精密調校的樂器。它靠的是重複，再重複，然後還要再多一點重複。
～瑞吉·傑克森（Reggie Jackson）

如果再讓我選一次，我會勇敢留下

陳傑憲

陳傑憲

從少棒時就是著名的天才球員，赴日發展後卻錯過了留下的機會。陳傑憲在場上總是抱持著無比熱情，許多人只看到他亮麗的外表與表現，不知道他內心仍有挑戰最高殿堂的想法。促使臺灣隊長持續向前的，正是內心的那股遺憾。

第三屆世界十二強賽，臺灣靠著團隊戰力的發揮，最終擊敗日本，拿到首次的世界冠軍，其中隊長陳傑憲的關鍵發揮與領導特質，是團結整隊的關鍵人物。陳傑憲過往曾在日本求學，高中畢業沒能進入日本職棒，決定返臺發展，能夠在十二強賽、東京巨蛋的大舞台拿到冠軍與MVP，對他來說意義很重大。

「如果再讓我選一次，我會勇敢留下。」之前與陳傑憲聊到日本求學時期時的抉擇，雖然日本職棒選秀落選，但高校的棒球隊監督其實有替他安排出路，畢竟陳傑憲在共生高校高一時。就已經是特別突出的球員，他的實力要繼續在日本打球，並不是太困難，但在考量綜合因素後，陳傑憲決定回臺灣發展。

陳傑憲回想：「那時候高中的監督，幫我找了社會人球隊的位置，所以就算日職選秀落選，我也可以在社會人球隊邊工作邊打球，提升自己的實力，等待下一次日本職棒選秀的機會。但我對於自己的日文能力沒什麼自信，唸書或打球，跟以日語溝通上班比起來，好像還差了一些，加上家裡的經濟因素，反正同樣是打球跟工作，所以我選擇回臺灣加入台電。」

事後來看陳傑憲這個選擇，也不能說不對。進入台電後，剛好遇到首屆U21世界盃舉行，陳傑憲臨危授命頂替游擊表現穩定，讓中職球隊產生高度興趣；加入統一獅後憑藉著高超的打擊技巧，年年打擊率超過三成，讓他即便因為守備因素移防外野，仍是球隊的中心人物，少了他就像是少了發動機。

或許是因為之後發展順遂，更讓陳傑憲覺得，那時候應該要勇敢一點；或者是說，因為那時候錯過了一個機會，等到U21打得不錯，職棒的機會又再度來到面前時，這次陳傑憲就不想錯過，必須要勇敢一些。

「高中時候的我，當時在日本的棒球文化上，其實已被訓練得很好。每個禮拜周末學校都會安排四場比賽，我又是主力球員，至少都會打兩場以上，打不好的，就透過平常日的練習去加強，技術上成長得很快。不過面對球探來看的比賽壓力，會因為更想要表現而綁手綁腳；又因為對語言沒自信，所以選擇回來臺灣，如果我能以平常心面對，有勇氣接受隨之而來的挑戰，或許就會有不同的發展。」陳傑憲說。

抱著這樣的心態，造就了陳傑憲的責任感。不論是母隊統一獅或是國家隊，他總是把勝敗責任扛在身上，狀況好與不好，喜怒哀樂總寫在臉上，彷彿

在我的成長路上，有很多人影響我、扶持我、幫助我。但每當回想過去，我總會想起，第一次拿到棒球手套時，我還把它戴錯了手，類似這樣的小事。

～戴夫·溫菲爾德（Dave Winfield）

自己任何一個Play處理得不好，都跟球隊的輸贏有關；或是只要國家有需要，不論大大小小的國際賽，只要被徵詢，即便再累他也都說好，就像是國家沒有他，真的會影響到輸贏。

而這次的世界十二強賽，也還好有陳傑憲，成為年輕球員仰賴、對方敵手恐懼的臺灣隊長。臺灣大賽的低迷，延續到了十二強賽熱身賽的不振，在首戰預測打序裡，陳傑憲到底要不要排上去，我思考良久。要感謝的是韓國派出側投的高永表，讓陳傑憲還有先發上陣的機會，才就此創造一個傳奇的誕生。

在讓全臺為之瘋狂的十二強冠軍之後，陳傑憲說了：「如果有機會，還能夠出國闖闖的話，我會想去。」這是回頭看過十八歲的自己，應該要勇敢一點的想法之後，他更加堅定的意志，造就了我們在國際賽場上，看到打擊毫無死角、守備拚勁十足的那個臺灣隊長。

因為有著勇敢的意志，在現實面裡，已過三十歲的陳傑憲，雖然去日職美職打球的機率並不高，但一定不會錯過任何機會，不會放過每一個可以攻擊的進壘角度，以及可能接殺的飛球，如果夢想成真，現在的陳傑憲會跟十八歲的自己說，再選一次我會留下，而在場上的表現，也一定不輸給年輕時的自己。

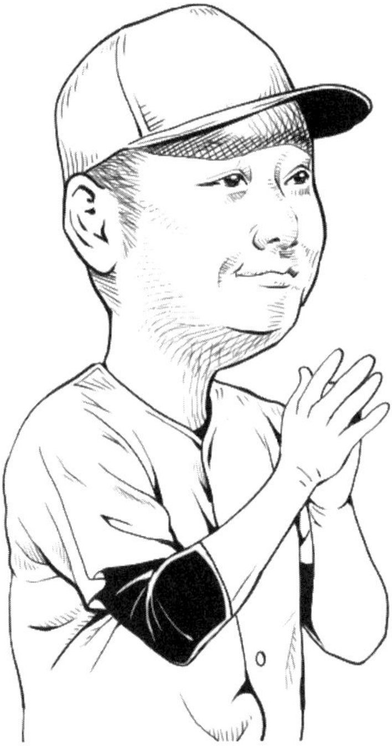

人生就是從嘗試中吸取經驗來成長

曾豪駒

曾豪駒

當總教練不免都會被冠上「瓜」的稱號，曾豪駒也不例外。不過畢竟不是每個人天生就會當總教練，如果沒有經歷過那些失敗的過程，人不會透過這些經驗而成長，曾豪駒很瞭解也認同，最終成為了球迷眼中的「龍貓神」。

老實說在這次世界十二強賽開打之前，我並不看好這支國家隊，更不太懂曾豪駒在總教練位置上選人的邏輯。雖然我知道，每個總教練都有他的中心思想與邏輯，只要說得出口、說服得了自己，就應該要相信他的想法，但在開賽之前，更多的是擔心戰績不理想之後，曾豪駒又要去扛這些輿論的砲火。

在擔任職棒總教練的這四個球季，許多球迷都戲稱曾豪駒拿到滿等帳號卻不會玩，意思是說三連霸的球隊在他手上，第一年搞砸了大幅的戰績領先，甚至還沒季後賽，第二年看起來好像又沒什麼起色，直到第三年拿到年度第一打進了臺灣大賽，卻遭橫掃敗北；第四年從季後賽一路殺到臺灣大賽，又再度在領先時把冠軍拱手讓人，「龍瓜」之名，是球迷們二〇二三年球季後的共識。

從一開始曾豪駒會跳出來擔任職棒總教練，就有點讓我意外。過去擔任打擊教練頗受好評，又與球員們相處融洽，就像是大哥一樣，但他從來都沒跟我聊到過，未來有一天他想要在總教練的位置上試試看，或是對於球隊的規劃有什麼想法。直到洪一中總教練突然出走，在球團徵詢下，他就扛起了球隊轉手後的第一任總教練位置。

「你不覺得，這是一個可以試試看的好機會嗎？」曾豪駒這樣說。原來在他心中，一直都有一個理想的球隊樣貌，而這個樣貌是否能夠成為常勝軍？還是要試了才知道。因此即便可能每年的結果不盡理想，曾豪駒還是每年與每年之間，做出不斷調整，這也是為什麼後兩年，樂天桃猿可以打進臺灣大賽，又或者是最後只差冠軍就這麼一步，但在成敗論英雄的世界裡，只能先當個瓜。

在二〇二三年底確定離開總教練位置後，我問了曾豪駒這四個球季的總結感想，他說：「人生就是從嘗試中吸取經驗來成長，或許最後結果不是自己所預期的，但至少是嘗試過了才有這樣的結果，也許未來還有機會能夠做些不同的事情，那這四年的經驗，就會是最好的參考依據。」

結果另一個新機會來得非常的快，為了要讓國家隊能夠專心尋才，組訓十二強賽的中華職棒，選擇曾豪駒擔任總教練，因為他離開了一軍戰場，不用扛職棒賽場上的勝敗壓力，可以專心地負責國家隊任務。

就像曾豪駒說的，人生就是從嘗試中吸取經驗來成長，擔任過經典賽打擊教練的曾豪駒，這次擔任十二強賽總教練，展現出與過往截然不同的調度風格，包括中長距離的攻擊方式、具有壘間破壞力的的速度戰，以及明快的投手調度邏輯，就是針對上一次經典賽時的失敗，所做出的最直接改變。即便可能

打擊就像游泳。一旦學會了動作，你就永遠不會忘記。
～斯坦·穆休（Stan Musial）

在選才過程中、調度當下裡，外界再怎麼樣不看好，曾豪駒卻從來沒有改變過他的想法，也才有最後的世界冠軍。

「方向是這樣想，過程中也與投手教練不斷地討論，才能夠落實這樣的執行方式。當然球員一開始，可能也不是那麼有自信，但能夠代表臺灣出來比賽，就是這一年裡，表現最理想的球員之一，所以要讓他們相信自己，才能夠在場上毫無後顧之憂地展現出來。」曾豪駒說。

從擔任打擊教練開始，曾豪駒就不斷地吸收新知，棒球魔法學校的在臺研習營，不論是打擊還是投球，他都全程參與；大聯盟的例行賽與季後賽戰況，他也總能朗朗上口。因此這次投手調度的方式、選才著重科學化；或是在攻擊端強調球棒控制與飛行仰角，都是現代棒球的顯學，也成為了曾豪駒在國際賽封頂的最佳靠山。

對我來說，曾豪駒還是同樣那個教練。「我喜歡慢慢做事，慢慢把資料都看完，然後再想想要用什麼樣的方式比較好。」成為世界冠軍教頭後，繼續領軍再戰世界棒球經典賽，或許現在再也沒有人質疑曾豪駒是個「瓜」，他卻也沒有那種證明了自己、如釋重負的感覺。

「這只是一個好的經驗與好的過程，棒球還需要繼續前進。」或許就是這樣的心態，讓曾豪駒能繼續做自己，用屬於他的方式，繼續面對下一個困難的考驗。

棒球場上沒有速成的訓練方式，只有適合自己的訓練方式。
～詹智堯

現在打得好大家都在學，這就是社會現實

詹子賢

詹子賢

看似浪漫的外表之下，常常有許多無厘頭的發言，因而擄獲一些球迷喜愛，但也有球迷因此覺得詹子賢漫不經心或不夠專注。其實他內心頗為纖細，在經歷過許多職棒起伏與現實面之後，對於這些壓力已有自己的調整心法。

在打擊準備區，詹子賢一如以往的把球棒加重器套上去，做些伸展動作，好讓自己等等可以有最順暢的發揮。但他想的不是等等該怎麼面對強悍有經驗的職棒投手，而是到底該怎麼揮棒。

「你這個打擊動作不正統……」、「你的打擊特點像是藝術品，應該要堅持下去。」兩種截然不同的教練建議，出現在詹子賢的菜鳥時期，讓他職棒之路的起步，有些徬徨與猶豫。

從二〇一六年進入職棒開始，詹子賢就是備受期待的球員，除了在文化大學時期，就有不錯的長打能力之外，從小在臺南長大的他，有著南部人的樸實與豪爽，還帶有一點鬼靈精，這些特質讓詹子賢一進到職棒後，就備受關注，成為中信兄弟的人氣球員之一。

詹子賢在場上的反應與表現，偶爾也會有點浪漫，除了守備的回傳球之外，包括他那獨特的打擊準備動作，利用節奏來尋找最佳的反作用力，曾讓他成為教練的眼中釘之一，希望他能像一般的球員一樣揮棒，不要那麼的獨特；但也有教練特別欣賞，像黃泰龍教練就透露，當時曾對詹子賢說：「要繼續堅持自己的特點。」

二〇一七年上半季，就是一個掙扎的過程，教練有他的想法，詹子賢也有自己的堅持，換來的就是出賽數的不固定。對於要打完整球季的新人來說，要如何隨時準備好自己，面對不穩定的出賽數又能繳出好表現，詹子賢展現出的是超齡的內容，用手中的棒子爭得先發外野手的成員之一。

轉眼間，在打擊前的準備動作：單手拿著球棒，運用前後扭動來放鬆髖關節，頓時成為小朋友的模仿對象。只要一搖屁股，大家就知道在模仿學習的球員是詹子賢。這個風潮也讓詹子賢有感而發：「現在打得好大家都在學，這就是社會現實。」

不過真要講社會現實，職棒場上反而應該用成績來說話，成敗論英雄的現實狀況，讓原本不喜歡詹子賢打擊方式的教練，開始固定排他上場，也開始對著媒體說：「詹子賢的打擊風格獨特，我很喜歡這位年輕球員。」

提早見到職業棒球的現實一面，也讓詹子賢這一路走來戰戰兢兢。或許外表總是天真浪漫，不過面對職業賽場上的一切，以及在別人看不到時所做的準備，事情從來沒少過。要扛著人氣球隊的球星招牌，壓力也不是簡單能向外人道出，曾經見報的手肘骨刺傷勢，又或是偶一為之的膝蓋不適，只要在能上場的範圍內，詹子賢都是咬著牙，揉揉患處就繼續比賽。

對抗著傷勢與身體的疲憊，以及外界的聲音，低潮時詹子賢曾說：「身體會累、心情會煩，每天都去鑽牛角尖想問題時，會覺得這樣做不對，那樣做也不行，打擊機制跑掉之後，反而更打不好。」在整年賽季，看著球隊的戰績與自己的成績，壓力自然越來越大。

但身為球隊的球星，知道球隊戰績要維持強盛，需要在關鍵時刻挺身而出，詹子賢新秀期的經驗，也讓他在低潮時反思，自己的優點是什麼？詹子賢說：「靜下心想了想後，就覺得整個重來一遍吧！以前我打擊時，在擊中球的那一剎那，會有壓球的動作，所以開始注意自己的基本動作，先從確實擊中球開始，再慢慢把自己的特點給加上去。」

從過去徬徨的年輕球員，變成資深職棒球員，還成為掀起ＦＡ球員浪潮的其中一人。嚐盡職棒冷暖，看遍職棒現實，在這個成績說話的環境裡，雖然每年狀態不一樣，成績多少有起伏，但詹子賢漸漸懂得如何自我調適，也知道所有的一切問題都只有自己能夠去面對跟解決，所謂的社會現實，是職棒球員窮盡整個生涯都必須要對抗的敵人，可能比更強悍的投手還難應付，就像是行

緊張代表在乎、也代表活著。
～彭政閔

使ＦＡ後的壓力一樣，媒體會追逐、球迷會關注，想拿高薪卻可能有更大的壓力。

但這也是詹子賢讓人喜愛的地方，不論開心或不開心，他總能有一套讓人眼睛為之一亮的說法，臺南棒球人的樸實與豪爽，也是他這麼讓球迷與媒體喜歡的原因，而且現在可能還多了一個讓象迷更愛他的理由，就是選擇少拿錢、繼續留下來。不過對我來說，我喜歡詹子賢打球的原因依舊，場下的妙語如珠與場上被黃泰龍評為藝術品的揮棒，期待他永遠能創造讓人眼睛一亮的反彈表現。

棒球打到後來不是在磨練動作，
而是在磨練心理

鄭宗哲

鄭宗哲

從小聯盟走向大聯盟的過程裡，像是對於鄭宗哲身心靈的一場考驗。除了既有的優勢不能衰退外，在變得更強的過程裡，其實最大的敵人往往是自己。能不能適應環境、能不能正面看待失敗，是鄭宗哲所學到最多的經驗。

二〇二四年的世界十二強棒球賽，鄭宗哲因為在海盜隊的四十人名單中無緣參賽，沒辦法成為臺灣奪冠的一份子，不過他也用了另一種方式參與：在電視臺的邀請下，鄭宗哲擔任轉播客座球評，他分享了許多的棒球觀念，並獲得球迷的好評。有這樣的結果其實並不讓人意外，因為鄭宗哲說：「棒球打到後來不是在磨練動作，而是在磨練心理。」

從三級棒球時代，鄭宗哲就不是身材特別傲人的球員，但他卻有絕佳的技術與鬥志，也因此在二〇一九年的U18奪冠世代中，他成為國家隊的領導人物，被周宗志教練欽點為隊長，作為球隊的攻守中樞。這些無形的特點，是鄭宗哲被海盜隊所看上的原因，鄭宗哲曾分享：「教練跟我說，不是每個大聯盟球員的身體能力和技術能力都比我好，但他們的心理調適能力，比我還要強大。」

大聯盟縮編小聯盟體系後，能留在正規體系的球員，都有一定能力。每個球隊給予球員的，除了正確的棒球觀念外，最重要的還是在心理素質上的培養與磨練。「在小聯盟，一年要打的比賽太多太多了，再加上系列賽之間的移動，考驗的其實是球員在面對高低潮的調適。如何每天保持一樣的心情把自己準備好，等待機會，才是最嚴苛的考驗。」鄭宗哲說。

加盟海盜已四個球季，雖然二〇二四年曾升上3A，不過對鄭宗哲來說，這個球季可說是體會最多，收穫也最多的一年。面臨一開始的低潮，慢慢破繭而出，最終來到3A層級，距離大聯盟只有一步之遙。

「大家說的平常心，我覺得是最重要的。」聽起來很像是老生常談，但實際上只有自己真的遇到時，才知道重點在哪裡，鄭宗哲笑說：「一年這麼多個打席，不會每個打席都完美，但怎麼在每一次上場時去執行自己想要的策略，保持乾淨的心，才容易有好的結果。」

在小聯盟的職業生涯裡，與其說是鍛鍊球員能力，不如說是心理上面的一道道修煉關卡，過往鄭宗哲甚至還被球隊派往哥倫比亞打冬季聯盟，只因為球隊想看到他適應環境的能力。

「如果要看成績，上網看就好了。」鄭宗哲說：「在冬季聯盟，母球隊看的不是你的成績，而是其他東西。我後來才知道，球隊想看到我能不能在陌生的環境獨自生活。而且在冬季聯盟裡，許多球員的層級都比我高，他們不會因為一兩場打不好就失去信心，甚至影響接下來的比賽，這也是為什麼球隊派我

持續就是一個力量，這個力量會帶你到你想要的地方。
～周思齊

去冬季聯盟，就是要我去學習這些。」

對自我的高要求，通常是好球員變成優秀球員的原因，不過也往往變成壓力或成績提升的阻礙。曾經在層級更高的波多黎各冬季聯盟，鄭宗哲用過往在小聯盟的高標準來要求自己，鄭宗哲說：「棒球打到後來不是在磨練動作，而是在磨練心理，打到一半時，我曾想說為什麼我沒辦法單場三安四安？但球隊說，那邊本來就不簡單，我們要看的是你在這裡跟美國，是不是一樣的？一樣的就沒問題。」

就是有了這些用錢也買不到的經驗，以及透過歷練而來的適應能力。現在鄭宗哲除了能接受失敗，更能夠透過各項嘗試後的失敗，來做為提升自己的墊腳石。像是主動請纓參戰臺灣的冬季聯盟，希望透過實戰來驗收打擊上的調整，即便帳面成績不理想，他也不會因此動搖自己的想法。

就像是二〇二四年球季一樣，海盜隊希望鄭宗哲能把攻擊的仰角提高，增加長打的比例。就算帳面成績不理想，但球隊期待看到的是執行過後的內容，系統化的規劃考驗的是球員的執行力與意志是否堅定，並沒有因為數據不理想，而對鄭宗哲評價下滑，反而在球季末把他升上3A作為肯定。

鄭宗哲表示：「球隊說，我遇到了很多的事情與困難，但他們都看在眼裡。而我在遇到這些低潮之後，也找到了自己感覺不錯的揮棒，以後應該會用這樣的方式作為基礎。」

高中畢業就在異鄉發展，鄭宗哲在陌生環境中不斷把心理素質練得更堅強，不論是新球季可能在3A起步，還是之後真的升上大聯盟，他說：「棒球只會越打越難，重要的還是我怎麼樣用一樣的心態去面對這些挑戰。」

你就投給他打！後面還有八個人幫忙防守！
～陳義信

我就當作自己一無所有了

賴智垣

賴智垣

職業生涯裡，每個人都想要走得長久，或許唯有背水一戰的心情，才有機會真正拿到屬於自己的角色。賴智垣就是這樣的背景，年紀輕輕面臨失業，但他沒有喪氣，只當自己從頭來過，重新調整投球機制，把危機變成轉機。

現在的賴智垣，能夠憑著自己的獨特性，像是不錯的球速，卻有詭異的出手角度，在職棒舞台上有著自己的一席之地，是因為當初掏空了自己，站在懸崖邊緣努力重新爬起，才能繼續站在投手丘上。「我就當作自己一無所有了，只能夠放手一搏。」那是賴智垣面臨失業，亟欲一拚就業機會時心中唯一的想法。

高中到大學，賴智垣都是球隊的主力投手，球二代的光環，他不太會提起，也沒成為他一路向上發展的阻礙。許多球二代的父親都說，兒子在耳濡目染之下開始打棒球，卻在基層棒球發展時，因為父親的光環而備感壓力，甚至被同儕特別排斥；賴智垣卻一直是個性正面且孝順，面對訪問能侃侃而談，每次與他對談心情都特別愉快的好球員。

不過踏進職業後的狀況，跟賴智垣所期待的完全不同。二〇一八年被Lamigo桃猿挑中後，球團對他的期待是能成為即戰力的牛棚投手。然而隔年二十一場的一軍出賽，卻像是個發球機一般，防禦率高達七點二，到了二〇二〇年只剩下兩場一軍出賽、二〇二一年整季無一軍出賽，就算在二軍狀況不錯，他卻永遠都在等待機會。

「後來越來越沒出賽機會，我就知道有可能會這樣（被釋出），但職棒場上就是實力說話，我只能繼續去拚。」賴智垣沒有太多埋怨，也很早就知道職棒是現實的環境，「年輕，不一定就能獲得比較多的機會，年輕並不是本錢，有實力的人才能夠持續在場上表現。」

有些人在釋出後是不甘心，覺得自己缺乏機會；有些人想得比較簡單，就覺得自己的年紀還可以，還能夠在場上打拚。賴智垣卻不是這樣想，「我覺得自己還想投，就算不是在職棒場上投，可能也會到別的地方繼續投。」失業在不到二十五歲時突然降臨，沒時間低潮太久，除了尋找可能的測試機會之外，賴智垣也尋求外部資源來幫助自己。

練了一陣子，即便未見起色，但賴智垣仍相信訓練中心的專業，持續的投入練習。「畢竟我那時候也只能相信這個（運科訓練）了，再怎麼差，大概就是像那時候的狀況一樣（被釋出）。從一些機器的數字上看得出來，我是在進步的道路上，既然要來，當然就要相信。」賴智垣說。

現在運科訓練在臺灣已經有一定的說服力，但在高強度的職業競爭環境中，「車沒壞就不用修」，大多是球員們的共通想法。若不是遇到職業生涯的逆境，賴智垣坦言：「沒有經歷到這些，也沒辦法拋下過去的包袱。」很可能繼續渾渾噩噩，用既有的想法與訓練，虛度每一天光陰。

從掏空自己到重新站起，賴智垣除了延續職業生涯外，現在也更懂得面對低潮的調整。轉隊到富邦悍將這幾年，一軍出賽機會多了，就算曾在二軍蟄伏，也不會因此喪志並懂得快速切換心態。

「如果球速狀況不佳，我就用現在學會的知識，想辦法把身體狀況調整好；如果控球狀況不佳，我就會去設定單純一點的投球方式，簡單的內外角或是高低進壘點，然後把球的品質給顧好。」賴智垣說，很多時候學長也會分享，投手控制自己能控制的事情就好，剩下的結果只能交給打者決定，一開始不是真的能理解，但隨著越來越了解自己，也越來越懂得這件事。

從一無所有，到繼續擁有，賴智垣不覺得自己完成了什麼。打職棒到最後，就像過去許多學長說的，打得長久才是最真實的獲得。畢竟是「職業」棒球，作為一個職業，能否長久堅持下去，比起短暫的火花更有意義。

「現在不會想要完成什麼大目標，也不會抱怨自己有沒有獲得機會，職棒就是這樣，與其埋怨不如練好自己，想辦法讓每一天都充實。」

棒球是團隊作戰的運動，卻無法忽略個人。一個球員再好，沒有隊友幫忙，絕對贏不了球。
～羅敏卿

每年在職業棒球的環境裡，永遠有無數的年輕肉體與高潛力球員投入，要就此滿足還是侷限在框架裡，賴智垣都看過甚至也經歷過，做好每天的事情、做好接下來的準備，這就是「職業」棒球，就是他單純樸實的目標。

你用一生的大半時間緊緊抓著棒球，但到最後才發現，其實一直是棒球抓著你。
～吉姆·波頓（Jim Bouton）

技術精進，唯有苦練

做不好的話就繼續練，當然不可能滿意這樣的成績，但棒球的道路上也只有這個方法。

～王柏融

做不好的話就繼續練，棒球的道路上也只有這個方法

王柏融

王柏融

少數臺灣職棒培育出的旅外球員，用中職產出的正牌金孫來形容王柏融應該不會太誇張，頂著眾人的期待與壓力前往日本，他知道自己負的責任有多大，某方面來說也是一種掙脫不開的枷鎖，只能不斷的苦練下去。

加入中華職棒宛如橫空出世，王柏融是U21世界盃世代奪冠的代表性人物。廣角的天才打者，揮棒能力全面卻又擁有長打破壞力，打出超人成績之後成為中職少數被國外球探追著跑的明星打者。「中職終於也能輸出打者了嗎？」是王柏融被賦予的期待，而在頂著這些壓力的過程裡，他只能不斷苦練，試圖找到過去的自己，試圖離他人想像的王柏融更近一些。

轉戰日本職棒五年，在極端的投手聯盟裡，王柏融並沒有兑現大家的期待，雖然偶有佳作，新人年一度有穩定的三成打擊率；或是全力拚長打之下，也曾有單季九轟的表現。可是眾人對王柏融的期待感絕對不僅於此，他自己也知道必須不斷調整，甚至埋頭苦練，「做不好的話就繼續練，當然不可能滿意這樣的成績，但棒球的道路上也只有這個方法。」王柏融說。

記得有一年，王柏融春訓前的自主訓練，回到熟悉的樂天桃猿隊嘉義縣基地，進行返回日本前的訓練調整。他與過往感情不錯的藍寅倫兩個人，從中午過後開始，不斷輪流進行自由打擊訓練，一籃球打完，就換下一籃，數不清兩個人一共打了多少籃球，我只知道我站在旁邊等了好久好久，扎實的擊球聲音不斷地在嘉義縣棒球場傳出，直到所有球都被打出去後，兩人才像是滿意一般，跟陪同訓練的蔡建偉教練一起推著車，慢慢的把球給撿完。

那是一則從沒露出的訪問，因為從反應中你能知道，眾人的壓力對王柏融來說是個無法抵抗的推力，他只能不斷地想辦法前進，不斷地找方法回應眾人的期待，「成績當然是不滿意啊，也只能繼續練下去。」「唯一的想法就是健康，因為在狀態好的時候受傷你什麼都沒辦法做。」在過去的日子裡，王柏融就是中職的王子；但在日職的世界裡，你是需要快速打出成績的傭兵，即使日本火腿已不算是那些傳統至極的球隊，對王柏融很有愛，也願意等待。

或許有些人在那樣的環境裡，會意志消沉，會覺得不如歸去，許多在日本發展不順的球員，比起繳出相對應成績，球隊更在意的是心理意志，除了成績，你能否適應環境？能否維持同樣的心態去面對練習跟比賽。就像是陳冠宇、郭俊麟、許銘傑等人一樣，或許成績真的不是常年頂尖，可是在態度上從沒讓人置喙過，才可以在日本職棒待上許久。

王柏融也同樣如此，就算大家對他的期待更高，看到成績的失望感也更大，可是他從沒放棄過自己的夢想。有網友戲稱說，從育成球員站回正式球員的王柏融是從「地獄裡爬回的大王」，但這個戲稱從我看到的第一眼開始，就覺得超級貼切。因為那個地獄，其實不是所謂三軍的育成球員，其實是大家嗤之以鼻的選擇與冷言冷語，能夠真正的重新站回一軍，爬出的是看不到的無形地獄，是心態面的真正成長。

選擇回到臺灣之後，王柏融的笑容變多了，雖然旁人這樣講時，他說自己沒特別發現，但我覺得除了回到熟悉的環境之外，最大原因是他已經擊敗了最大的敵人，就是自己的夢想與他人的期望。就像是他決定回臺時說：「這五年來，不論好與壞都是人生裡最棒的經歷，能夠在短短的五年內，吸取到人家可能好幾年才能體會的經驗，心裡面是充滿感恩。」

比起過去望著天努力追逐，現在的王柏融更專注在體會棒球的樂趣與自我的成長，從過往的肌力提升，到近期的運用 Driveline 訓練系統來強化打擊技巧，王柏融不僅做，還做得很多，身形與力量明顯變得比以往更強，新球季的攻擊內容也許會比過去更好。

王柏融可能不再是過去的王柏融，但他一樣還是那個天才打者，只是進中職之後才讓眾人得知有這麼一個角色，因為他其實是苦練的天才。

你天賦不足的地方，可以靠渴望、拚勁，以及隨時付出超過 110% 的努力來補足。

～唐·齊默（Don Zimmer）

機會來得快，走得也快，必須不斷追求想要的自己

王勝偉

王勝偉

當年兄弟象選中王勝偉後，就知道挑中了十年不動的游擊手。但不知道的是，王勝偉不僅扛了超過十年，即便轉隊之後，超過四十歲還是可以在游擊區恣意揮灑守備技術，這過程裡需要極高的自我要求，以及隨時把握機會的競爭心態。

打職棒邁向第十八個年頭，王勝偉的身形狀態，跟二十四歲剛加盟職棒時，沒什麼太大不同。能夠在將滿四十一歲之際，繼續站在內野最困難的游擊防區，都要歸功於苦練與堅持，數十年如一日的同樣自我要求，讓王勝偉擁有不輸給年輕人的敏捷性。

「機會來得快，走得也快。」這是王勝偉不斷要求自己的原因。

高中時，王勝偉是三壘手，但升上大學後，他主動表示想成為游擊手，請纓轉戰內野最重要的守備位置。不過三壘的守備要求與游擊的守備要求，除了臂力都需要頂尖之外，運動能力與特性卻截然不同。三壘需要的是前後移動，與不怕球的反應；而游擊則需要左右的大範圍移動與瞬間的判斷，為了趕上進度，王勝偉是苦練再苦練。

此外加盟兄弟象時，剛好又遇到了內野的世代交替，雖然直接無縫接軌成為主戰游擊手，卻也因為不符合當時兄弟象的守備要求，重新從基礎開始練起。「榊原流」是當時兄弟象內野的訓練模板，需要迅速的移動至最好接的彈跳位置，然後運用下盤的動能，跨步帶動上肢傳球。從新人年的春訓開始，到例行賽的每天賽前練習，王勝偉就是不斷在做「榊原流」的基本動作訓練。

「必須不斷追求想要的自己。」

王勝偉這番話，驅使他不斷的苦練，在剛加入職棒時，有著陳瑞振這樣的內野守備導師，又有馮勝賢這般苦練出頭的模板，在兩名前輩砥礪之下，理想的游擊手是什麼樣貌？能夠做出穩定又平順的接球傳球，是王勝偉不斷努力的目標，所以這十八年來，王勝偉重視的內容始終如一。

不論是炎熱的夏天，還是寒冷的冬天；在棒球場上，又或是在田徑場上，不論在哪個時候，王勝偉總是做著相同的敏捷性與接球手感訓練，希望讓自己的腳步速度能保持在頂峰，也希望讓自己的手感跟柔軟性能維持在一定程度，不讓年紀成為藉口，繼續是那個游擊防區防守範圍廣大的游擊手。

除了本身的堅持之外，機會來得快，確實去得也快。扛了十二個球季的黃衫軍游擊手，突然位置與機會就消失了，當然跟自己一開始的準備不佳，影響教練團的信心之外，與王勝偉當初的竄起一樣，另一個同樣守備穩定、腳步敏捷，接球手感搞不好還勝過王勝偉的江坤宇，就這麼突然橫空出世。從此游擊防區的代名詞，不再是王勝偉，而是江坤宇。

即便如此，王勝偉並沒有怨懟，他重新振作起來，用比過往更嚴格的態度要求自己，而且對自己還是有信心。相信自己依舊是頂尖的游擊手，王勝偉向中信兄弟要求被放在六十人名單外，希望尋求其他球隊的出賽機會，也真的在轉戰富邦悍將後，再一次成為球隊的主戰游擊手，還拿到了東山再起獎。

「機會來得快，走得也快，必須不斷追求想要的自己。」

這是王勝偉對於職業生涯所下的結論，確實當初進來職棒後，先發游擊的位置就等在那邊接班，但先發游擊的位置也就這麼突然不見，而王勝偉還是那個王勝偉，訓練的內容相同，特性也相同，但因為年紀變長了，只能用同樣的堅持與要求，想辦法繼續留在職棒場上。

但年紀因素畢竟是事實，王勝偉並不是富邦悍將的長期解答，在球隊方針不斷補強下，最終迎來了大聯盟等級的張育成加盟，富邦悍將終於找到所謂的游擊即戰力。可是王勝偉還沒有放棄，「因為在職棒的世界裡，根本沒有時間讓你去沮喪，不能因為機會少，就讓負面心態跟著自己。」

或許王勝偉的最後一舞，很快就會到來，但他說：「能夠打多久，不是自己能夠決定的，可是能用什麼樣的姿態在場上打球，則是自己可以控制的樣子。」

春天真正的預兆，不是番紅花盛開，也不是燕子飛回卡皮斯特拉諾，而是球棒擊中棒球的聲音。
～比爾·威克（Bill Veeck）

在新聞盃的寒冷冬天裡，王勝偉這樣跟我說；而且才到沒多久，跟原棒協的前輩打完招呼後，王勝偉揮了揮手，「我要來去訓練了。」苦練到最後一刻，這就是王勝偉想要的樣子。

每個人都有極限，你只需要認清自己的極限，然後學會如何與它共處。
～諾蘭·萊恩（Nolan Ryan）

棒球不是只有一種玩法

成晉

成晉

從期待的大砲變成小球戰術的代言者，成晉展現了另一種棒球價值，也代表著要在職棒場上生存，不是只有一種道路，只要你能夠苦練出某一種特點，並且抓準機會表現出球隊所喜愛的內容，仍然有在職棒發光的機會。

三級棒球時期，成晉是同期球員當中，不可忽視的名字之一。他有絕佳的身材，又有優質的臂力，從小到大就是球隊的中心人物，讓他順利在高中畢業之後進入職棒。然而獲得Lamigo桃猿第三指名加盟後，成晉卻卡關許久，始終沒辦法打出期待的成績，為了生存、為了空間，成晉心中轉念，當不成大砲也能做螺絲釘，他說：「棒球不是只有一種玩法。」

從小到大成晉都是中心打者，身材好、力量大，因此加入職棒時被看好成為鍾承祐的接班人。這個評價不是說說而已，在右外野的守備，成晉有很棒的傳球臂力與飛球判斷；在打擊練習時，總能展現不錯的力量，可是除了防守能夠展現在場上之外，攻擊的力量卻從來沒轉換成長打。洪一中執教時期，為了拚戰績，可以說沒什麼成晉的出賽機會；換了曾豪駒掌兵符，是給了機會，但長打還是沒長出來，這也讓成晉開始深思，需要怎麼做才能創造自己的獨特性。

「我一進職棒，就知道這個程度跟高中差很多，在練習時看到學長們的打擊能力，我就知道我沒辦法再像以前那樣子，擔任球隊的長打者，一定要轉變方式，找到自己的定位。」成晉說。經歷過「彈力球」時期，中職瘋狂地追求飛球革命，一、二軍全壘打滿天飛，成晉最多一年也不過擊出合計四支全壘打，「所以那時候就知道自己不適合追求長打。」

轉型需要花費很大的工夫，特別是助攻型打者，在職業球隊裡格外不起眼，採訪這麼多年時間，看到每支球隊不論在春訓、秋訓，或是賽前練習時，雖然都會安排短打練習，但真的看到「認真」練習觸點的球員，並不是太多。這也難怪到了高張力的比賽時刻，真正需要推進時，能好好執行下來的沒幾個，沒把比賽的張力投入在練習裡，就算練習點得再好，也沒辦法轉換到比賽中。

從被定位在二棒之後開始，成晉格外要求上壘率、擊球確實率與短打成功率。「經過了很多種打擊動作的嘗試，後來發現，只要節奏好，擊球率就會高，把打擊當作一個節奏感，看球、打球就好，才找到屬於自己的方式。」提升了打擊率之後，下個階段就是提升推進成功率。

「一壘邊線點好十顆、三壘邊線點好十顆，方向跟力道都要要求完美，如果練習時能做好，比賽時就只要控制力道就好，這樣成功機率就會提高，心理的壓力也不會太大。」這是成晉每天要求自己的態度，雖然聽起來輕鬆，但真

人生中最重要的兩件事是：好朋友，以及一個堅強的牛棚。
～鮑伯·雷蒙（Bob Lemon）

正轉換到比賽時，他坦言還是壓力很大：「三成打擊率的打者，大家就覺得很棒，但七成觸擊成功率的打者，大家還是會關注那三成的失敗，所以我只能成功。」

而這個心理壓力，更會因為你已做出特色，反而變得更巨大。當成晉二〇二二年站穩戰術二棒的角色後，往往一棒打者上壘，二棒成晉就要執行短打戰術；當大家都知道你準備要觸擊推進時，守備可以衝上前處理、投捕手可以針對短打去投難點的位置，這些都會增加觸點成功的難度，造成執行戰術的球員，有更多的心理壓力。

成晉說：「學長們都跟我說，要試著去接受失敗，這樣子的心態在場上，才會放得開。」所以除了觸擊之外，成晉還展現了很棒的選球能力，有著超高的上壘率；若自己能夠站上壘包，還可以透過速度發動盜壘，創造另一波的得分機會。大家想看有效率的得分方式，靠著不斷的長打取分，這樣的方法雖然很華麗，但小球戰術做得好，一樣可以幫助球隊，一樣可以拿到分數，只要放得開。

在比賽當中，戰術二棒的無名英雄，往往更容易被忽略，甚至在數據化棒球的時代，短打好像是罪大惡極的選擇，更像是食古不化的老頑固才會做的方式。成晉卻認為：「我覺得在打線當中，第二棒或第八棒的球員，是很重要的位置，通常攻勢能夠串聯好，這兩個棒次發揮是關鍵，得點圈攻勢多不多，跟這兩棒很有關係，只要能贏球，我就覺得很有成就感，棒球真的不是只有一種玩法。」

對我來說，防守才是棒球的關鍵。
～威利·梅斯（Willie Mays）

所有一切都是基本功的延伸

江坤宇

江坤宇

作為新世代黃衫軍的人氣球星，江坤宇不是用豪邁的打擊，或用亮麗的外表來吸引球迷目光，反而是最樸實無華的防守、確實擊球與推進，成為球隊不可或缺的一份子。江坤宇的基本功現在已經有明確的價格，總值超過一億元。

從平鎮高中的游擊手，變成國家隊的不動游擊手，就算是大聯盟等級的張育成，也無法撼動江坤宇的位置。他的身材不起眼，選秀會甚至到第三輪才被中信兄弟挑中，現在卻等同中職游擊手的代名詞，還靠著優異的守備，拿到十年一點四億的大合約。攻守穩定的背後，江坤宇說：

「所有一切都是基本功的延伸。」

能夠在平鎮高中裡面，擔任內野最重要的守備位置，江坤宇花了兩年時間，直到高三才從三壘手轉為游擊手。平鎮眾所皆知對於守備格外嚴格，每次守備訓練的量，都以「籃」為球數計算單位，但這樣的要求之下，也造就了江坤宇格外重視守備基本動作，讓他無縫接軌就熟悉職棒比賽強度。

跟著江坤宇一起自主訓練時，他花最多時間的，其實都是那些枯燥乏味的基本訓練。像是小拋球，讓接球手不斷地左右來回，去熟悉最好的接球彈跳點；又或是不斷的訓練敏捷性，用各種不同的腳步在繩梯裡來回交錯，編織成不同的踏擊聲樂。接球手感與敏捷性，是「小可愛」一次次華麗美技背後，用汗水奠定下的基礎。

「踏上場後才知道，所有一切都是基本功的延伸。」江坤宇說，把基本動作練得扎實了，場上一切都是本能反應。聽起來好像是守備天才的輕描淡寫，一般凡人覺得是天方夜譚，實際看完之後卻完全可以理解，先有苦練才有後來的天才，若不是那些枯燥乏味的訓練，又怎麼能成為中職的金手套游擊手？

每次在自主訓練「咖啡秀」的最後，隊友們總會用泡棉球來考驗大家的守備反應。泡棉球比棒球來得輕，接進手套之後難以察覺，需要守備手緊緊抓牢才不會彈出；又因為輕，打出去的速度與彈速比棒球來得快，往往一個瞬間就錯失最好的接捕時間點。但江坤宇卻總是毫不費力的守下，即便隊友們總想要考倒他，最後也只能換回他的招牌「呵呵」微笑。

或許就是基本功扎實，讓江坤宇有著不怕各種挑戰的信心，就算是面對經典賽的大聯盟層級球員，他也能靠著自己的反應，度過各項考驗。「一開始會想說要謹慎一點，對於對方打出來的球，一定要確實一點處理，但過了一顆、兩顆之後，覺得跟平常沒什麼不同，後面就恢復成順暢的自己。」江坤宇說。

原本會覺得遙不可及，直到真的上場比賽並接觸時，才知道過往的一切練習，都已足夠面對這一切。江坤宇說：「原本會覺得，大聯盟的打者打出來的球速會不同，但真的打出來後，我發現還是有時間慢慢照著自己的方式來處理，知道自己的守備，是可以應付這一切的。」

經歷過了經典賽、世界十二強棒球賽之後，江坤宇真的成為「世界的小可愛」。

守備的穩定度沒話說之外，適時一擊的能力與執行戰術的成功率，也都是江坤宇著重基本動作下的成果，若不是平常特別注重確實擊球，以及把球帶進來打的反向攻擊能力，比賽時也很難達到推進、助攻，甚至在高張力情況下仍有高擊球率做支持，創造那些關鍵帶有打點的安打。

而這些都是基本動作的價值，在職棒賽場上重視豪邁的投球與血脈賁張的長打時，江坤宇創造了穩定性也能夠有高收入價值，扭轉許多教練擔心的，大家只重視打擊，而不重視防守與確實擊球，讓人知道就算是做好該做的工作，也能夠在職棒賽場上領高薪。

不過江坤宇並不會就此滿足，在看過世界第一等級的內野手之後，他知道自己還有要加強的地方。「我在經典賽時看到了荷蘭隊的內野防守，有一個雙殺Play讓我印象特別深刻，流暢又快速，這就是大聯盟級的守備！我覺得除了我自己好的東西外，一定有還可以需要突破的地方。」江坤宇說。

我這輩子從沒真正工作過，我只是一直在打棒球。
～薩奇·佩吉（Satchel Paige）

不到二十五歲，江坤宇已經寫下了中職的新歷史，而在臺灣繼續挑戰棒球世界第一的道路上，也需要像江坤宇這樣始終如一的守備，用游擊守備支持團隊繼續前進。

我不是運動員，我是個棒球員。
～約翰·科魯克（John Kruk）

棒球的打擊動作，跟高爾夫有關

胡金龍

胡金龍

問過許多球員，講到天才打者的選項，胡金龍通常會被提起。曾經想要放棄棒球，胡金龍在埋頭打高爾夫球的過程裡，突然頓悟了些什麼道理，就此成為中職的代表性打者，也讓我相信原來高爾夫球真的可以幫助棒球的打擊。

如果要選一個，能夠代表義大犀牛、富邦悍將時代的球員，我首先想到的會是胡金龍。因為他的廣角打擊、美式球風，就像是這支球隊裡不可或缺的靈魂一樣，在場上看起來總是怡然自得，卻又讓投手恨得牙癢癢，不知道該投向哪個位置，才能夠讓胡金龍出局。對於自己的打擊心法，熱愛高爾夫球的胡金龍，表情一臉認真的說：

「棒球的打擊動作，跟高爾夫有關。」

高爾夫球是許多棒球圈人士熱愛的第二運動，不論是資深球員還是教練，每個人都越打越上癮。在例行賽期間的休息日相約打球，就算是在比賽日要早起打球都沒問題，好像重拾那種小時候愛打棒球的熱情，為了高爾夫犧牲一些睡眠時間也沒關係。然而跟動態的棒球相比，靜態的高爾夫球到底有什麼魔力？

胡金龍說：「如果連不動的球都打不好，又怎麼打得好會動的球？」

聽起來似乎是有些道理，畢竟揮桿跟揮棒一樣，都需要上下半身的協調性，才能夠把球打得又高又遠；甚至在一些訓練場合裡，我也看過大聯盟的球隊，或是中職教練，把練習高爾夫球揮桿的器材，運用在球員的揮棒感覺上。

而且由中華職棒生涯平均打擊率近三成五的打者胡金龍口中說出，更格外有說服力，雖然很多人還是半信半疑。

然而這確實是胡金龍的親身體驗，特別能夠解釋出為什麼，他在中職是安打製造機，在美職時卻無法打得如此自在。胡金龍在二〇一一年，擠進了大都會的大聯盟名單，卻陷入打擊低潮，甚至一度不想再碰棒球，那時候他全心投入了高爾夫運動。

「就是那時候才領悟到，棒球的打擊動作，跟高爾夫有關。以前年輕不懂得調適壓力，也不覺得靜態的高爾夫有趣，但後來逐漸領悟。」

過往在美職打拚時，對於胡金龍來說，如何維持一定的成績，才能夠在每個小聯盟層級裡逐漸向上爬；好不容易達到了大聯盟門口，卻又沒辦法繳出小聯盟的水準，隨著年紀漸長，機會也慢慢流逝。許多人說，美式練球就是重質不重量，看起來很輕鬆，然而這句話對在外打拚的臺灣球員而言，卻不太適用，每一次練習若沒有用盡全力，或許也沒有再上場的機會。

「以前在球場上想拚，不會去想別的運動。」胡金龍說：「但打高爾夫球，可以提升自己的專注度，而且揮棒動作跟棒球很像，如果姿勢跑掉，球就

只有無趣的腦袋，才覺得棒球無聊。
～瑞德·巴柏（Red Barber）

打不直。如何保持平衡、擊球準確度，還有正確的施力方式，都是我在打高爾夫時會注意的，這些理論就跟棒球的打擊一樣。」

改變了心態，讓自己有適時喘口氣的空間，甚至把高爾夫的揮桿原理，運用在棒球的打擊調整上，也等同於許多球員跟教練說的「控制好自己能控制的，而不是去強求結果」，是胡金龍能夠在臺灣再起的原因。

甚至也可以這樣說，等回到臺灣之後，胡金龍才真正的體驗到什麼叫美式職業球員作風：該放鬆時放鬆，該認真時認真，隨時都可以上緊發條，成為他總能看似輕鬆地應對每一個壓力，站在打擊區怡然自得的景象關鍵。

不過可別覺得胡金龍只在乎自己的成績，而不在乎球隊輸贏。他曾經參與義大犀牛的奇蹟奪冠之旅，在該年奪冠的臺灣大賽裡，他打擊率超過三成，還帶有六分打點；甚至在富邦悍將時期，在季後挑戰賽也有近三成打擊率，而最後球隊輸球被淘汰時，似乎難以接受球隊必須要結束球季，他一個人坐在板凳席裡，久久不肯離席，是我認識胡金龍以來從未見過的場景。

如果胡金龍還在富邦悍將，會是什麼情景？是不是可以補上球隊一直以來缺乏的關鍵一擊人物？這個問題在胡金龍的手機事件後已沒有答案。不過，胡金龍沒有因此結束職棒生涯，而且還靠著他的高爾夫理論，持續在打擊區裡讓對手頭痛，並且為統一獅做出關鍵貢獻，直到他自己決定要急流勇退為止，這個無死角的打擊機器，終於可以放輕鬆的在綠茵草皮上揮桿，與棒球打擊有關的，以後就由高爾夫接下來完成吧！

在人生中，有太多事情被視為理所當然，但有一件事我可以坦白說：我珍惜了每一天，享受了每天穿上球衣、投入棒球這項偉大運動的時光。

～韋德·博格斯（Wade Boggs）

走過的路不會白費

張瑞麟

張瑞麟

一個可能不是很多人認識的球員，不論擔任打者或投手，也許都不算有太突出的表現，卻願意自己投資自己，也願意賭上自己的棒球人生，捨棄穩定的訓練員工作要求重新復出，終於在超過三十歲的時候，看到了一四〇公里的數字。

三十二歲的年紀，對於棒球員來說，理當是一個無論經驗跟球技都最純熟的時期，但整個棒球生涯裡，張瑞麟始終在定位上混沌不明。他是打擊技巧不錯、速度也很好的外野手，也是出手角度詭異、能迷惑左打者的投手，可是在職棒賽場上，這兩個項目都沒辦法幫助他站穩一軍。

但張瑞麟還想拚一次看看，即便之前的職棒生涯，投手加野手合計一軍出賽場次不過二十七場，但張瑞麟覺得自己好像還有什麼東西沒做完，還有一些未盡全力的地方。去年富邦悍將讓張瑞麟轉為餵球投手，而他也利用閒暇時間加強訓練，「除了在球隊練習空檔自我訓練外，我也會利用放假日去訓練中心，調整自己的投球機制。」

某方面來說，張瑞麟在投球跟打擊上都有不錯天賦，為了要再為自己拚一次，張瑞麟選擇專心練投球。他笑說：「我其實比較喜歡打全壘打，但我做不到，只好朝投手來訓練。」原本在職棒賽場，張瑞麟都是以下勾姿勢出賽，但為了當餵球投手，他把投球動作調整為上肩，也就此奠定目前的投球機制。

投手教練郭勇志認為，在當餵球投手時期，跟現在重回職棒投手丘相比，張瑞麟的投球動作變異不大。郭勇志說：「感覺揮臂角度、流暢性、出手點都差不多，球速能夠有所提升，應該是對身體的控制能力變得更好，力量運用效率更佳，才能夠把球速慢慢推上去。」

能在職棒賽場上投球的球員，過去都是三級棒球的天之驕子，一四〇公里球速是個門檻，很可能也只是學生時期的目標，不過對張瑞麟而言，這個數字他從來沒看過，也從來沒想過。「練了很久，球速也遇到一些瓶頸，曾想過這樣練有意義嗎？直到真的投出來時，才覺得，所有的過程都不會白費。」張瑞麟說。

抱持著還想再拚一次的心態，張瑞麟利用運科訓練來提升自己的投球能力，他原本想，就算真的當不回球員，至少嘗試過，心情上不會後悔；未來如果要擔任教練，也懂得如何訓練與幫助球員。

張瑞麟說：「至少我也是這樣練過來的，如果要教球員的話比較有說服力，天才球員也許沒辦法體會這些，可是有方法的苦練，的確能夠提升能力，我是這樣告訴我自己，一定會有收穫。」以這樣的心態作為出發點，雖然球速還卡在一三〇公里出頭，去年球季結束後，張瑞麟飛到美國佛羅里達州，進行為期一個半月的訓練，速度也慢慢往上疊加。

「那邊的訓練方式，就是讓你知道怎麼樣去運用身體。」張瑞麟表示，「其實並沒有做太多投球機制的調整，但力量的運用、心理的課程，對我幫助很大。像是他們那邊有一個投手板，可以計算下盤的力量使用，比起單純講使用下盤，透過機器與儀器，可以讓我更懂得如何使用下盤的力量。」

帶著老婆與小孩，張瑞麟在美國花費約百萬元，獲得了無價的棒球知識與家庭回憶，他用球員身分重回富邦悍將。「我原本想，如果測試不如預期，也不想就此放棄，想問問看其他隊有沒有機會，或是看看業餘城市隊。」儘管張瑞麟做了最壞打算，卻在春訓有最好結果，他順利重新回到球員的角色，球速也來到一四〇公里。

重新回到球場當球員的一整年，張瑞麟的生活被棒球填滿，也真的獲得最美好的回報，他投進一軍，至今獲得九場出賽機會，投九局、防禦率一點零（編按：最終該賽季他繳出出賽十二點二局、防禦率四點二六的成績）。雖然直球速度不錯，變化球也有一定威力，但張瑞麟認為：「還有很多需要加強的地方，像是比賽的經驗與臨場的反應，這些都需要透過比賽來一步步加強。」

重新回到球員身分，對張瑞麟而言只是另一個開始，每天都像去年一樣，

穿上球衣，永不放棄。
～徐生明

想辦法用最積極的心態來維持訓練。「我現在也還是照著那年學到的東西，每天做好訓練，想辦法準備好自己，用正面心態來面對每一場比賽，把目標放遠一點，努力去挑戰自己。」

所謂天賦，就是能夠持續努力的能力。
～落合博滿

好好練球

陳瑞振

陳瑞振

臺灣守備頂尖的代表人物之一，陳瑞振不僅會守，也會教人守。雖然直到現在，還是有些人會提起陳瑞振年少得志時的新聞，不過現在他是許多球員的心靈導師，更願意陪著球員一起成長，一起好好練球，一起面對棒球路上的挑戰。

講到守備，中華職棒的歷史上，名列前茅的內野手，陳瑞振絕對排得上名。穩定的基本功，確實的接球跟準確的傳球，就是他所展現給投手的安定感，而這些都需要大量的練習，才能夠呈現出來。陳瑞振不斷強調，中線內野手，就是球隊的根基，而這兩根柱子要怎麼穩定，唯有「好好練球」，才能夠成為球隊的基石。

「好的球隊，他們的二壘手或游擊手，甚至說是中線野手，基本上都沒有在變動；一支強的球隊，主戰游擊手都可能守十年不變。」這是陳瑞振的中心思想，即便在火力當道的現下，所有評估球員價值都先看打擊成績，但陳瑞振依舊這樣想，當然也跟他的出身有關。過去身為二代象的主戰游擊手，陳瑞振幫助球隊拿下三連霸，自己就是那個不動的游擊手。

在榊原良行教練的指導下，陳瑞振的每一個守備動作，就像是機器一樣複製貼上。運用下盤力量，腳步移動到球的正面，讓身體形成一堵牆而把球吸收進來；再透過重心的轉移，把球用上肩傳球準確送到一壘手胸前。現在透過YouTube看以往陳瑞振的守備動作，大概也可以復古的美感來形容，而這些結果都是千錘百鍊後才能達成的。

「好好練球」這句話，陳瑞振講得輕描淡寫，背後的含義卻是汗如雨下。過往在兄弟象春訓的時代，每名內野手的接球量是用「千顆」在算，轉任教練後的陳瑞振，雖然沒有用同樣標準來要求球員，但真要認真起來，練球的時間長度與練球量也沒在客氣的，只要球員願意，絕對是練到雙腿動彈不得為止。

拿到東山再起獎的林智平，曾經因苦等不到上一軍的比賽機會而沮喪，在頹廢了一段時期，期間內只做重量訓練而不練技術，陳瑞振都看在眼裡，最後對林智平說：「該好好練球了吧？」這句話點醒了林智平不能再蹉跎下去，重新踏進球場裡苦練。

過往林智平習慣的位置是三、游，陳瑞振認為以他的年紀跟出賽空間，改練一壘才有機會，不僅在二軍比賽中直接安排林智平守一壘，強迫他轉型；更在許多練習時間裡，陪著林智平熟悉不習慣的位置，終於等到攻守都穩定之後，重新獲得一軍出賽的機會。因此林智平最感謝的人之一就是陳瑞振，那個跟他一起在二軍練球、鼓勵著他的教練。

現在大家看陳瑞振，會認為他是個不錯的指導者，是重視基本功的教練；但十年前大家提到陳瑞振時，卻往往是負面批評，認為他是沒辦法控制脾氣的

比起天才，我更相信累積的力量。
～長嶋茂雄

指揮者。

雖然對我來說，十年前跟十年後的陳瑞振，並沒有什麼太大不同，他依舊對老朋友熱情，對棒球滔滔不絕，一壺茶、兩張椅子，就可以聊棒球聊一整天，如果講到內野守備，更會開啟他的聊天開關，但大家的看法卻也是事實。

成為中職最年輕奪冠的總教練後，陳瑞振不免因風光而沖昏了頭，但經過基層的沈澱、國外的洗禮，在外轉了好幾圈後，陳瑞振少了那時的霸氣，更多了些耐心。這也是為什麼樂天桃猿副領隊沈鈺傑，在富邦悍將擔任副領隊時，要力邀陳瑞振回來；在轉隊樂天桃猿後，還是要把同樣離開富邦悍將的陳瑞振再找進球隊。

想到重視基本動作，能夠幫助年輕球員扎下穩定基礎的教練，沈鈺傑內心的不二人選就是陳瑞振，而他也確實幫助樂天桃猿終於在游擊防區上，練出了一個守備穩定的馬傑森。

「還要再練啦！」陳瑞振講到馬傑森，依舊離不開練球話題，「現在只是剛開始，還需要好好練習，因為好的游擊手最重要的是穩定性，穩定性好了再來要求美技守備，馬傑森現在只是剛開始，像是如何更快接到球、更快把球出手，就是內野手需要不斷練習才能達到的結果。」—

比起指揮者，他可能更適合當指導者，不斷打出內野滾地球給球員練習，陳瑞振最能發揮的角色，也許就是督促球員好好練球。

勝利不是靠運氣，而是靠積累。
～星野仙一

從小到大，我的動作都沒變過

曾子祐

曾子祐

不是最亮眼的狀元郎，曾子祐卻用穩定的表現告訴大家，穩定的貢獻同樣可以帶給球隊有價值的發揮。穩定的背後，代表著過去苦練的基礎，始終如一地用一樣的想法與態度，去面對每一次練習，才能成就出現在的曾子祐。

做為中華職棒新軍台鋼雄鷹在選秀會上第一個被挑中的球員，曾子祐選擇了一號球衣，象徵著特殊的意義。過往的選秀狀元，不是有著豪邁的一五〇公里速球，就是擁有高超的打擊技巧與長打能力，同樣是狀元的曾子祐，他的特別之處顯得樸實無華，卻是職棒賽場最難擁有的「穩定性」，也是台鋼雄鷹這支新球隊最需要的內容。

在平鎮高中時期，平鎮總教練吳柏宏就大力跟我推薦曾子祐：「他會是下一個江坤宇喔！」江坤宇是平鎮高中輸出中職的代表性人物，而且固定在一軍出賽之後，一直是中職游擊金手套獎的連霸得主，用江坤宇來稱讚曾子祐，就知道在吳柏宏心中，曾子祐的穩定性有多好；而且不只在防守，攻擊端也是，在高三時直接扛起平鎮的第四棒，每場比賽只能贏不能輸的平鎮陣中，曾子祐就是如此完美且無法取代。

即便高中教練如此盛讚，也獲得選秀狀元的評價進入職棒，曾子祐知道對手不只是那些過往表現優異的學長，而是自己能否對抗壓力、對抗職棒的漫長賽季，這些有形與無形的存在，才是高中畢業球員過往從沒遇過的挑戰。守備穩定性不足，曾子祐就拚命的苦練特守；打擊威脅性不足，曾子祐就透過特打增加力量，選球提升上壘率，「不能去想著長打，這樣我的打擊動作會跑掉。」曾子祐說。

第一個完整的二軍賽季，曾子祐接近全勤出賽，打了七十八場，交出兩成九七打擊率；升上一軍之後，幾乎複製了前季二軍成績，出賽一一五場，繳出兩成七〇打擊率，雖看似有落差，但前一年在二軍的上壘率三成四八，與一軍的上壘率三成四四相差無幾。二十歲球員能繳出這班數據，難怪曾子祐被選為新人王，就算不是怪物級打擊成績，也是難能可貴的超穩定成績。

一切的奠基都是從少棒開始，讓曾子祐進入職棒之後，能夠無縫接軌面對更高強度的對手，當時的總教練李國強所要求的基本動作，直到現在都很受用。「從小到大，我的打擊動作都沒變過。」曾子祐說，李國強教練特別要求擊球確實，所有的揮棒都要朝著中間、反方向去攻擊，「以前有一次在比賽裡，我連續打了兩三個三游的滾地球後，他就把我換下來，叫我去跟學弟一起練球，看得出來這是他最重視的部份。」

因此直到現在，曾子祐已經養成了確實擊球的習慣，從他被三振率偏低、又擁有極高的保送率可觀察到，面對職棒等級的投手，他仍有充足的看球時間，不會輕易的被引誘球吊中，這也是新秀眾多的台鋼雄鷹裡，最難能可貴的攻擊特色。

台鋼雄鷹的林振賢教練，更認為曾子祐的揮棒，像是年輕的彭政閔。林振賢說：「曾子祐打擊的模式，很像年輕的恰恰（彭政閔），出棒都是inside-out的軌跡。當然以評價來說，這樣好像講得太高，但看起來的類型是差不多，給他們一個成功的球員典範去參考，他們就有方向學習成長。」

有著好的基本動作做為靠山，曾子祐知道自己還有許多需要加強的地方，卻也不會因此慌張，他說：「長打的部份，我知道自己還要再加強，但我相信只要揮棒軌跡是對的，攻擊心態是好的，只要力量提升了之後，擊球距離慢慢就會變得深遠，不需要去刻意強求，之後也會展現出來。守備的強化，除了繼續加強基本動作外，只要下盤跟體力變得更好，穩定性一定會持續進步。」

也許就是這樣的心態，讓身材並不突出的曾子祐，可以一步步走到眾人的目光焦點之前，成為選秀狀元之後，還能夠擔任台鋼雄鷹的不動游擊手。相信自己只要把基本動作練得扎實，就能夠面對各種不同的挑戰，就算不是天才，苦練也能夠成為選秀狀元。

全力疾走，這就是我的棒球。
～鈴木一朗

我不是很有名的球員，卻很了解球員需要什麼

黃泰龍

黃泰龍

中信兄弟黃金內野守備的推手，黃泰龍不是名球員出身，卻教出不少金手套球員。用非傳統的方式，使球員理解在場上應該如何面對變化萬千的彈跳球，這是因為過往的經驗裡，他為了生存只能嘗試，才能用同理心理解球員的需要。

職業球員生涯並不是特別突出的選手，黃泰龍卻一手打造出中信兄弟最堅強的內野守備。雖然拿過三屆金手套三壘手獎，可是守備優異這個形容詞，好像也跟黃泰龍搭不上關係，究竟是如何教出岳東華、江坤宇、王威晨跟許基宏這群內野手的？黃泰龍說：「我不是很有名的球員，卻很了解球員需要什麼。」

即便三級棒球時代黃泰龍都當選過國手，進入職棒之後，選手之路卻沒辦法因此走得順遂。加入誠泰 Cobras 時，二壘、三壘跟游擊，都已有固定先發的選手，他只能以內野工具人的角色擔任替補；後來又遇到「黑米事件」球隊解散，在特別選秀會上落選，幸好 La new 熊想增加內野深度，才獲得低薪合約，延續職棒生涯。

就算如此，黃泰龍的職棒生涯還是在一個隨時都可能結束的狀態。之前在查資料時，我回頭看了 La new 熊的比賽影片，黃泰龍守游擊的狀態根本跟「金手套」扯不上邊，對於彈跳掌握度不好，傳球臂力又因為三級棒球時代投球過度舊傷纏身，與其說是內野工具人，不如說是樣樣鬆，在球隊找不到定位。

接下來即便因為「黑象事件」，兄弟象少了一大批球員，而有機會轉隊來到有出賽空間的新天地，但倘若再繳出同樣的水準，也許打沒幾年真的就得高掛釘鞋了。「我一直在想，如果這就是我生涯的最後一戰，那我也要用自己的方式來嘗試看看，而不是侷限在過往的打球方式裡。」黃泰龍說。

傳統的守備觀念是要「正面接球」，告訴內野手們把身體當作一堵牆，雙手在正面確實的把球接捕；如果沒辦法接到球，至少身體可以把球擋在面前，再撿起來也還有傳球的機會。這個方式教導基層棒球的球員，打底基本動作的觀念沒有問題；然而在職棒場上多的是正面接球卻沒辦法接乾淨，倉促撿球又發生傳球失誤，原因就在於職棒賽場上，大家拚勝負，跑者全力衝刺，守備員在高壓之下要再補救談何容易？

再者，臺灣棒球場紅土硬度比日本高，過往場地維護也沒那麼好，時常出現不規則彈跳，一再要求球員正面接球，反而減少了反應時間，不如讓球員保持靈活性，反而可以處理得更好。

自我反思後，黃泰龍融合「榊原流」要求的下盤柔軟度與接球手感，再加上自己深思反饋後的結論，強調單手接球與腳步靈活運用。單手接球可以給內野手更大的反應範圍，以對付不知何時會出現的不規則彈跳；腳步靈活則逼迫內野手，不要再在正面等球、擋球，一定要腳步優先，移動到彈跳最好接的位置接球。

這套理論不僅為黃泰龍拿了三座金手套三壘手獎，也在他轉任守備教練後，傳承給中信兄弟的內野手群，直到現在都適用。曾經有過往資歷輝煌的教練，看不懂黃泰龍的教導方式，認為那套訓練要球員右手拿著球，只能用左手接球、在滾地球的彈跳軌道上放置槓片，刻意製造不規則彈跳，這樣練習是「譁眾取寵」或是像在「兒戲」，但黃泰龍確確實實練出了一批守備穩定的內野手，也拿下不少金手套獎。

對於子弟兵爭氣，黃泰龍歸功於過往這些選手的基本功扎實，也很肯練，才能夠快速轉換觀念，但他也說：「或許過往我真的不是什麼有名的選手，可是我很了解臺灣球員的苦，許多時候都被過往的框架侷限。在三級棒球時代，教練用那樣的方式訓練球員沒問題，可是進入職棒後，要知道球員需要什麼。像我這樣過往成績不特別的球員，花了一段時間才找到自己想要的方式，我不想要現在的球員也跟我一樣。」

除了中信兄弟的內野手之外，黃泰龍的影響，也在他短暫執教富邦悍將時

訓練的課程越扎實，自己的信心也會更強化。
～王建民

呈現。李宗賢、范國宸的守備處理方式，亦有「泰龍流」的影子，范國宸曾提到：「黃泰龍不會要每個選手都做一樣的事，會因材施教。」

或許過往球員資歷不突出，卻在黃泰龍絞盡腦汁想要生存之下，創造出不同的價值，這或許也是為什麼，好教練不一定是資歷好的球員，也許正因為如此，他們才了解，球員真正需要的是什麼。

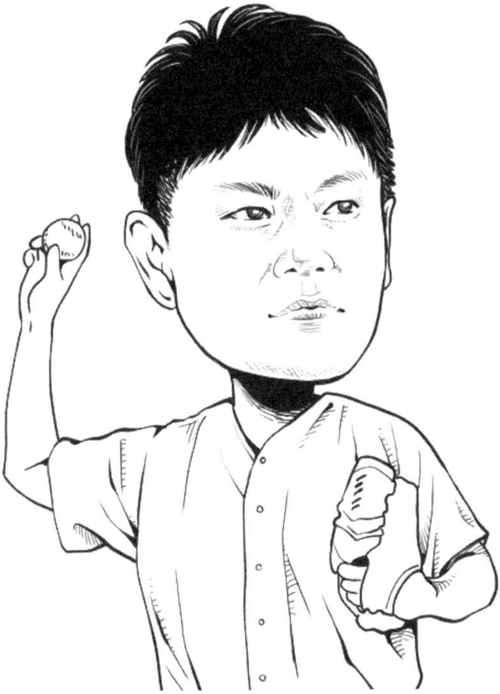

投球真的很難！

潘威倫

潘威倫

臺灣職棒勝投王，潘威倫的傳說是靠直球就可以壓制對手。然而許多人卻忽略了，潘威倫有很好的控球和嚴以律己的身體訓練，才能夠始終如一的把直球準確且有品質的投在好球帶內，精準打擊打者的死角，快速取得出局數。

作為中華職棒的勝投王，投了二十二個球季後仍得告別最愛的投手丘，潘威倫在臺灣已是職棒史上累積最多勝的投手。過往對潘威倫的稱讚，不外乎是直球很有尾勁、控球相當精準，隨著經驗累積，他也更懂得對戰打者。但潘威倫始終覺得：「投球真的很難！」

一般來說，好的打者只要超過三成打擊率，就已是聯盟頂級水準，這也代表著，投手有著七成成功率能夠擊敗打者。但潘威倫說：「投球需要全身從上到下，做好完美的連動性，才能夠投出有品質的球、精準的球。從大腦到腳底，只要有一個地方不對，可能就是一個失投球，就會造成沒辦法挽回的傷害。」

這或許也能說明，為什麼潘威倫能從二十歲年輕小伙子的年紀，投到四十歲的「高齡」，只要願意，還是能投出超過一四〇公里的直球，甚至比起過去更加精準。因為每一個舉手投足，他都斤斤計較，似乎全身有一個肌肉的連貫性不夠好，投球的品質、進壘的角度就會有絲毫偏差，沒辦法像精準雕刻一樣打擊對手。

但過去的潘威倫，並不是這樣的投球方式。還記得與陽建福的速球狂飆，成為千禧年著名的「嘟福對決」名場面，又或是在臺灣大賽中，跟陳金鋒的直球對決，即便可能被轟也還是屢屢擲出，因為直球是潘威倫最引以為傲的武器。

味全龍總教練葉君璋回想當時的對決，他說：「就算知道要投什麼球，也不一定打得好。有時候從他的小動作中，都已經知道他要投什麼球了，但還是打不好。因為那個時代能投到一五〇公里的，大概就是他跟陽建福而已，可是直球品質很棒，知道還打不好，很讓人挫折。」

從速球王子進化成精密機器，潘威倫的改變在二〇〇七年時。老搭檔高志綱回想：「那年嘟嘟身上有傷，沒辦法像前幾年那樣催球速，為了維持在場上的壓制力，他更懂得如何去面對打者。以前控球就不錯，但為了節省用球數，他將自己的控制能力提升到另一個層次，現在大家說他控球好，也是因為那年的關係。」

當年重要關頭時，若有需要，潘威倫還是能夠把球速催到一五〇公里以上，也是因為身上有傷，潘威倫才更重視每一次的投球動作，必須要做到無比確實，才能夠投出像健康時一樣的直球品質。

投球的關鍵不是壓倒打者，而是讓他打你想讓他打的球。
～葛瑞格·麥達克斯（Greg Maddux）

「肩膀的角度會不一樣，每個地方的肌肉會覺得緊繃。」潘威倫的投球機制隨著年紀漸長、身體長期的消耗，甚至是受傷而開始改變。還想要繼續在職棒場上跟打者拚輸贏，需要有穩定不變的武器作支持，控球與節奏，甚至是必要時的球速能否催出來，是潘威倫為了繼續留在投手丘上的生存之道。

而為了這樣的投球策略，每年春訓就是潘威倫開始自我測試時的大修煉關卡。從簡單的傳接球熱身，慢慢的拉長距離，感受每一次球從手指離去時的力量傳達；牛棚練投時，試著把揮臂速度加快，試著把上半身更用力的壓下去，看看球速是否會因此而提升，他說：「每年在春訓時練投我都會嘗試，試試看自己還能不能做到像年輕時一樣的動作。」

年輕時，潘威倫看著日職大投手工藤公康，到了四十七歲還在投，覺得很不可思議；潘威倫投到四十二歲，生涯也劃下句點。幾年前，潘威倫曾有放棄的念頭，他真的覺得自己已經到了臨界點。

「真的很累，」潘威倫說：「訓練、比賽，都是在挑戰自己的身體，有的時候也會問自己，這樣到底為了什麼？不舒服的地方也真的很痛。」但站上場，潘威倫依舊可以用自己的方式來解決打者，不論是中繼、先發、長中繼，只要有需要，他仍舊可以用最有效率的投球來幫助球隊拿下勝利。

在還能投出超過一四〇公里的時候，潘威倫卻決定要跟球迷說再見。投球真的很難，而這樣的直球品質能維持超過二十年，是屬於臺灣勝投王潘威倫的堅持與浪漫，或許以後也難再見到像潘威倫一樣，宛若投球藝術家的投手，在場上持續堅持。比起能否拿到一百五十勝，對臺灣職棒來說，應該更有代表性與意義才是。

投手只需要兩種球路：一種是打者在等的，另一種是讓他措手不及的。

～華倫·史潘（Warren Spahn）

一直重複做著無聊的事情，是成為頂級球員的必經過程

羅力

羅力

羅力是臺灣洋將的傳奇，從月薪六千五百美金的救急洋將，搖身一變成為球隊最安心的王牌投手。他球速不快卻總能讓打者摸不著頭緒，其中下了多少苦心，唯有羅力自己知道，與其說羅力是洋將傳奇，不如說他是職業球員的典範。

富邦悍將國際球探羅力，是中華職棒史上少見的洋將長青樹，效力中職超過十個球季，擄獲不少球迷支持，不論是彈力球或是不彈球，羅力總能成為球隊最穩定的依靠，也因此促成催生了「羅力條款」，讓長期在中職發揮不錯的洋將，可以就此不再佔洋將名額。在這十年期間，羅力能夠一直穩定發揮，他剖析最大關鍵原因：「一直重複做著無聊的事情，是成為頂級球員的必經過程。」

我還記得羅力剛來到臺灣時，被 Lamigo 桃猿取名叫雷力。那個看起來球速不快，控球卻很準的投手，下半季成為 Lamigo 的王牌先發，一路率隊殺進總冠軍賽。那時候我驚訝不已的問著：「這洋投應該很貴吧？」但球隊裡的工作人員回答：「月薪六千五百美元而已，不要告訴別人。」原以為雷力只是個洋將福袋，結果後來不僅買到賺到，成為中職少見長期穩定出賽的洋投，薪資當然也水漲船高。

但中職真的沒這麼好混，過往的四隊時代，再強的洋投往往也會被對手摸透；甚至在彈力球時代，洋投的信心也多少會被擊垮，沒辦法用正常的方式來解決對手，不過這些問題都被羅力給一一化解，他總能在每年貢獻穩定的局數，並且在每場比賽裡，給予球隊贏球的機會，這也是為什麼羅力能成為傳奇的原因。

這些豐功偉業與長期累積下來的數據，真的不是簡單達成，因為羅力球速不快，先天對戰打者少了一個可仰賴的武器，但也因為這樣，羅力沒辦法在韓職與美職立足，他知道中職是最後機會，必須要用盡各種方式來解決打者，不然職業生涯隨時都有可能劃下句點。

於是羅力開始記錄打者的各個特性，更要求自己的控球，包括那顆致命的指叉球，要練到爐火純青，再搭配其他讓人意想不到的球路選擇。像是滑球、曲球，都曾出現在羅力的武器庫當中，在當時情蒐還不完整的年代裡，大部份球員都是憑「感覺」打球，但羅力開始自行研究怎麼讓打者不舒服，找到解決打者的方式。

「球隊看投手，第一個一定看速度。」羅力說，但速度不是唯一成功的條件，如果有好的控球跟變化球，以及想要融入環境的決心，同樣也有機會在臺灣站穩腳步。「洋將如果沒有想要融入的決心，是沒辦法好好在臺灣發揮的。以前還是球員時，我看著洋將來來去去，會去想其中的原因，看著他們的前幾場出賽，我會預測他能不能留下，因為從投球的風格就知道，他有沒有想要瞭解對手，有沒有想要從過往的習慣裡改變。」

強調融入臺灣的決心，是羅力現在轉任富邦悍將國際球探後，詢問洋將是否有意願來臺的第一個問題。因為許多來到中職的洋將，往往會有中職是次級聯盟的心態，覺得只要輕輕鬆鬆，就可以繳出壓制對手的成績。但不論哪個聯盟，應該都要用同樣的心態來面對，畢竟職業球員是拿自己的生涯在拚搏，最後的贏家往往是投入最多的球員。

「身為職業球員，每年、每月、每天跟每小時，都要想辦法讓自己更強。」羅力強調：「透過重量訓練、技術訓練，去累積數據讓自己知道進步與否，是每個球員都必須做到的。這樣的過程很無聊，卻是成為頂級球員必須的過程，就算已經是中職最好的球員了，也要知道自己跟大聯盟、日本職棒差了有多少。」

不以成為中職頂尖的球員而滿足，反而以大聯盟、日職水準為目標，是羅力不斷向前的動力，最終這樣的過程，讓他成為中職歷史的洋將傳奇，成就了一個以他為名的條款。羅力說：「這不只是屬於我，而是屬於每一個願意融

投手是孤獨的職業，但正因為孤獨，所以每一個出手都必須負責。
～野茂英雄

入、願意不斷努力的洋將們。回頭看自己的職業生涯，也有做不好的地方，但我開始變好時，我就會想辦法做到最好，為了成為最好的職業球員而努力。」

我很想贏，想幫助球隊變得更好，或許是我天生就有這種不服輸的個性，這就是我。
～羅力

在棒球場上，大家的身高是一樣的

嚴宏鈞

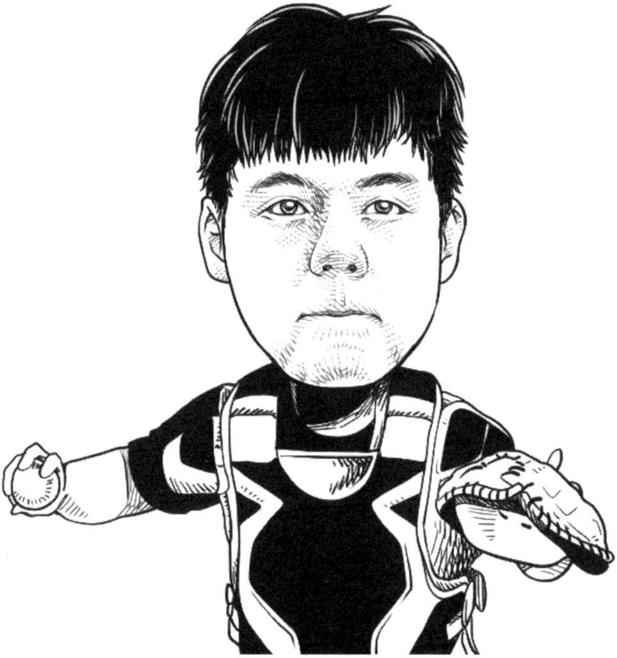

嚴宏鈞

雖然棒球並不是一個完全身材決定論的運動，畢竟身材好，在運動場上就是有優勢。從小到大，嚴宏鈞一直不是身材優秀的球員，然而他卻一路擊敗眾人的不看好，先憑藉著守備，再想辦法精進打擊，一步步成為球隊不可或缺的球員。

身材是所有運動裡，大家會先注意到的特點，畢竟有好身材的球員，在場上的優勢比較大，棒球場上也不例外。但嚴宏鈞這個身高官方數據只有一六五公分的捕手，又是在二〇一五年選秀會上，選秀順位倒數第四的球員卻說：「在棒球場上，大家的身高都是一樣的，我從來沒覺得跟大家有什麼不同。」

說真的，嚴宏鈞確實有底氣說這樣的話。從美和中學畢業，直接挑戰職棒殿堂之後，他已經在職棒進入第十個賽季，原本預估就是個守優於攻，二三號之間的捕手，卻也累積在一軍超過三百場出賽，在樂天桃猿陣中，曾有一年甚至擠掉了張閔勛、宋嘉翔這些首輪指名的捕手，是一軍出賽最多的捕手。

但身材高大或嬌小，真的在棒球場上是一樣的嗎？在少棒時，身材好的球員等同力量好、臂力好，所以投手、游擊手、中外野手與捕手，通常都是身材好的球員去輪替。可是嚴宏鈞卻在小學時就固守在捕手位置，他說：「教練叫我去我就去，傳不到二壘？用一個彈跳傳到也沒關係，只要結果好，有機會出局就可以，棒球是看結果論的運動嘛，我不覺得我的身材有什麼特別的。」

或許抱持著這樣的心態，把基本動作做好，想辦法從本壘板後方用力的傳出每一顆球，即便提前落地也不氣餒，只要能夠最快最準傳到的想法，讓嚴宏鈞的傳球臂力成為他的招牌，加上在美和中學時期，陳瑞振總教練仔細打磨基本動作，也讓他的守備功力獲得Lamigo桃猿青睞，順利進入職棒。

守備上的身材影響克服了，那打擊呢？看著同儕球員一個一個去追求力量，想辦法把小白球送到球場深遠處，較為嬌小的球員，又該怎麼去面對？喝了口水後，嚴宏鈞說：「棒球是看結果論的運動嘛（再說了一次），如果能上壘的話，我站在壘包上，不也跟打安打一樣？對教練來說，我的功能性跟其他球員是相同的，打得遠或近，不都是一樣？」

聽起來的確是這麼一回事。雖然身材不如人，但他追求的，跟有身材優勢的球員沒什麼不一樣，也得到同樣的結果，進到職棒賽場後，他也就以相同的心態去面對，教練給予什麼定位，就去追求什麼樣的結果。「有時候上去只能打個一兩次，雖然想要有個人成績，可是也得要先有上場機會才行啊！」嚴宏鈞說。

在此之前，嚴宏鈞單季最多的一軍出賽數，剛好是例行賽一半的六十場，最多就是球隊的二號捕手；不過他沒有就此喪志，捕手最需要的是場上的應變反應，以及經驗累積，既然出賽數不穩定，他就跟著全隊最資深的捕手林泓育

捕手不是站著接球的人，是帶領全隊呼吸的人。
～曾智偵

學習，從場上經驗、想法、配球，甚至飲食調控，都跟著一起學，直到等到能夠在攻守兩端證明自己的機會。

二〇二四年，球隊原本預估會是三年級生捕手宋嘉翔扛起頭號捕手的一年，但宋嘉翔打擊狀況一直調整不到位，只能從二軍起步，一軍捕手陣容便由張閔勛和嚴宏鈞來競爭。嚴宏鈞說：「說自己沒企圖心絕對是騙人的，但場上所有一切的展現，都是平常累積的內容，我先把基本的東西做好，得到信任與空間後，才有機會去展現其他的東西。」

先從守備與上壘做起，嚴宏鈞慢慢獲得同樣是捕手出身的總教練古久保健二的信任，等到出賽數多了之後，他開始嘗試不同的打擊策略。「自己是捕手出身，會知道在不同的情境與好壞球數之下，投捕手可能會用的策略是什麼，在有空間的情況下，現在也比較敢去做大膽的揮擊。」嚴宏鈞說。

大膽嘗試下，嚴宏鈞也慢慢打破過去大家對他守優於攻的印象，二〇二四年打擊率兩成八一，是近年最高；上壘率三成三三、長打率四成零六，同樣也是歷年最佳（編按：該年嚴宏鈞因傷未能打滿一個球季，最終打擊率為兩成八六）。他把過去為人所稱道的手腕運用，在淺球數時去做長打設定的揮擊；

如果球數落後，他又會回到過往那種把球帶比較進來的攻擊方式，嚴宏鈞說：「算是在嘗試之中，找到了一個平衡點。」

繳出穩定的成績後，現在嚴宏鈞的心態，也從想跟大家一樣，變成想跟大家不一樣。他說：「我進來職棒也十年了，從來沒想過能打到現在這樣的地步。但既然機會來了，也把握住了，就更不能夠鬆手，只有更加的自律，才能夠在這場上有更久的時間，這是胖哥（林泓育）傳達給我的，我也會努力的去完成。」

捕手是棒球場上的四分衛、隊長、心理醫生，有時還是保母。
～喬·托瑞（Joe Torre）

聽別人的建議固然重要，但堅持自己的信念更重要

蘇智傑

蘇智傑

從首輪進到統一獅，蘇智傑就是球隊未來中心打者的期待，而在追逐長打的過程裡，蘇智傑不斷的跌倒爬起，就是為了能夠跟上現代棒球，成為真正的長打者。過程裡，曾經懷疑自己，但蘇智傑最終明瞭，敵人只有自己。

頂著大學最佳打者、王柏融之後最全面打者的頭銜進入職棒，蘇智傑在第一輪被挑中，是統一獅最賦予厚望的中心打者。跟同期的陳傑憲不同，他朝著重砲手的目標前進，卻也有更多起伏，不是大好就是大壞的過程，讓蘇智傑有了更多的體悟：「聽別人的建議固然重要，但堅持自己的信念更重要。」

進入職棒沒多久，蘇智傑就立志要朝純長打砲手的目標邁進，不論是重量訓練上面的加強，除了球隊的課表之外，還自費外聘訓練師；還是深受飛球革命吸引，不斷調高揮棒仰角。在追求長打的過程當中，每次打擊都充滿失敗的風險，但全壘打就像是在懸崖峭壁上的花朵一樣，想要摘下這朵美麗的花，就需要越過這些致命的風險。

越猛力的揮棒，可能會增加揮空率，越想要把球打飛，卻越有機會造成無效的飛球，形成更多的出局數。在講究成果的職棒環境裡，有許多教練認為三振等同於無意義的結果，不是安打，代表沒有任何串聯攻擊。這麼多的外界雜音會干擾前進，但蘇智傑仍堅持走這條路。

連續四年的雙位數全壘打，其中包括了連續兩年的二十五轟以上成績，看似已逐漸站在高峰上，但隨即迎面而來的是更困難的挑戰。為了扭轉打高投低的傾向，中職決定改變比賽用球恢復係數，讓只有真正有力量的打者，才能繼續維持全壘打的甜美果實；在全力揮擊、猛力擊球的過程裡，不請自來的自打球導致右膝蓋髕骨骨裂，必須要長期缺陣。

一開始，蘇智傑的想法很單純，既然比賽用球的恢復係數調低，只有真正有力量的球員才有機會把球轟出大牆；既然手肘膝蓋都受了傷，那就想辦法趁復健時練得更壯，兩項變因都促使蘇智傑決定要把自己的力量練得更強，然後想辦法把球打得更強，繼續維持自己在聯盟裡頂尖長打者的成績。

不過就像我們之前說的，追逐長打甚至是全壘打的過程，就像是攀登懸崖，試圖去摘下巔峰上的花朵一般。比賽用球的恢復係數調降，則類似於更陡峭的斷崖，能攀登上去的人少之又少，摔下去的打者則來得更多，好像越努力越徒勞無功，自此之後，那些過去消失的雜音也開始重新出現。

「可以把揮擊的仰角調得低一點啊！」「可以先把球打進場內為主」，這些建議隨著表現不佳又逐漸出現，在統一獅是近年中職的季後賽常客的背景下，蘇智傑原本堅定的心也開始動搖了起來。他說：「聽著聽著會想說，是不是這樣比較能幫助球隊？是不是先用不同的方式把成績打出來就好？我知道大家都是好意，但每個人都有不同建議，結果打著打著，整個都亂掉了，導致到最後長打打不出來，安打也出不來。」

結束賽季後，沒有了例行賽的壓力，所有成績都歸零開始，經過沉澱，看到蘇智傑的自主訓練，還是持續往長打者的道路重新前進。二〇二四年球季的低潮並沒有把他給擊潰，從小到大都是球隊的主戰球員，到了重要的臺灣大賽卻只能在旁準備，這也給了他燃起重新站起的決心。

「球員最終還是要為自己的成績負責，」蘇智傑說：「聽別人的建議固然重要，但堅持自己的信念更重要，因為職業球員的價值，就是最後展現出來的成績，而這個成績，不論好與壞，最後只有自己能夠面對。」

別人說他長打打不出來，休賽季裡就加強揮棒速度與重量訓練，進而提升擊球初速；別人說他揮空率高，多的是無效攻擊，休賽季裡就增加左投、右投的對戰角度訓練，讓自己的視線死角能消失一些。失敗並沒有打倒蘇智傑，反而讓他相信，自己決定的道路沒有錯，必須要更加堅定地走下去，才會是最後的贏家。

每一個好球，都是離下一支全壘打更近一步。
～貝比·魯斯（Babe Ruth）

堅持理想，扛起榮耀

那種一起贏球的感覺，只有我們一起打球的球員們才知道，感受是最棒的。整個生涯裡，能夠拿總冠軍，也比拿到個人獎更開心。

～林智勝

好多人說偶像是王光輝，我想要讓這件事傳承下去

王威晨

王威晨

萬人迷之子，一進入職棒時許多人不看好，從選秀吊車尾位置進入職棒，卻逆勢打出成績站穩黃衫軍開路先鋒，甚至成為球隊隊長。王威晨一路看著父親王光輝的背影長大，深以萬人迷之子為榮，也想把這個影響力傳承下去。

身為「萬人迷」王光輝之子，王威晨追尋爸爸的腳步，也想超越爸爸的里程碑。作為中信兄弟的隊長，同樣穿著黃衫，除了同樣深受球迷喜愛外，王威晨更常被隊友們提到的，是他以身作則的態度，不論是面對練習或是比賽，總是不輕言認輸，更不隨意說放棄。

從小耳濡目染，王威晨從跟著在場上玩棒球，最後也踏上打球這條路，雖然在二〇一五年的中職選秀會，他是倒數第二個被挑中的球員，甚至還有些人覺得是因為頂著爸爸「王光輝」這個光環，王威晨才能夠進入職棒。但拿到入場券後，他的確好好緊握著這難能可貴的門票，也真的在職棒場上發光發熱。

在過去的訪談裡，王威晨不斷提到爸爸的成績，做過什麼、完成什麼，或是有什麼獎項紀錄，是他自己達成而爸爸沒有。他說：「我一直在透露這件事情，是因為我從小看著我爸爸，好多人說偶像是王光輝。為什麼他可以當上別人的偶像？為什麼他對許多人有影響力？我想要讓這件事情傳承下去。」

同隊的學長周思齊曾說過，開始打棒球的契機，是在花蓮鄉下，看到王光輝、黃忠義等職棒明星回鄉，鄉親沿街簇擁的情景，才讓他在棒球這條路一直堅持下去。王威晨從小在旁看著，現在也想延續這樣的影響力，「思齊學長從小把我爸當成偶像，進而打到現在這個層級，能夠開始回饋社會、回饋棒球，我也想要延續下去，發揮自己的影響力。」王威晨表示。

像是在經典賽國家隊裡擔任隊長重任，又或是在二〇一九年世界十二強棒球賽，成為大會的明星三壘手，這些經歷與資歷，都是過去王威晨從來沒想過，卻樂於接受的挑戰。

「要當一個偶像，總是要先把自己的歷練做完整，恰哥（彭政閔）、智勝學長，在職棒或國際賽的累積成績，都是神人級的表現，包括我爸，我也稱他為神，雖然他現在真的在天上當神了。所以我進職棒我一直告訴自己，我想要追上他們的腳步，甚至超越他們。」王威晨說。

但不諱言的，就算在職棒場上已經有一些成績與名氣，但在放大鏡中檢視的殘酷世界中，沒有一個球員是完人，而王威晨也總有許多會被挑剔的地方。像是守備範圍隨年齡縮減、攻擊力不符合現代棒球所強調的強力棒球等等，王威晨都知道，但也總是掛著笑容正面對決批評。

「我扛啊！」王威晨總是這樣回答，但他也強調：「做不夠好的地方，就繼續努力，也希望能夠從其他地方，補起那些做不好的事。」二〇二三年球季，他在得點圈打擊率三成八五、打進四十三分打點，是全隊最高，就展現出過人的抗壓力，也真的如他所講，就扛啊！

而二〇二四年球季，王威晨也展現有別於過去不同的攻擊火力。除了守備依舊穩定、巧打技巧仍舊精湛，休賽季花了許多時間去精進調整重量訓練跟打擊機制，改進許多人想批評他的缺點。春訓時他曾對我說：「你看著吧，今年一定很不一樣。」誰能想到三十三歲的球員，打擊技巧、長打能力真的還能夠再進化呢？

從網友語帶諷刺、範圍內最「頂」的頂哥，變成「頂」住壓力的頂哥，扛著人氣黃衫軍招牌的王威晨，始終把壓力當成推力。要當一個偶像真的不容易，必須扛起許多人的期待來累積自己的影響力，整個棒球生涯走到後來責任越來越重。但王威晨說：「我有一個很大的夢想，希望能夠回饋偏鄉，希望能夠傳承兄弟那個永不放棄的精神，我想要成立一個跟我爸一起的基金會。」

是責任感讓自己走上如此艱難的道路嗎？其實原因很單純，王威晨微笑說：「我聽到很多小朋友說自己的偶像是威晨，看到我會很開心地打招呼，那個畫面對我來說，是一件很感動的事情。我從小看著爸爸這樣子，現在自己有

下次不要和我硬拚。
～王光輝

機會做這樣的事，會特別感動。」

原來萬人迷的基因，真的會遺傳，除了很會打棒球之外，還很吸引人，這就是中信兄弟的隊長，王威晨。

能夠上場，什麼角色都很好

江國豪

江國豪

江國豪的「萬能王牌」綽號，在世界十二強賽裡，成為最能朗朗上口的代表稱呼之一。但萬能之路並不好走，從能扛起球隊先發輪值的首輪新秀，到哪裡有洞哪裡補的角色，江國豪曾懷疑自己，但為了上場，他最終接受挑戰，走上萬能之路。

現在的江國豪，有著很酷的「萬能右腕」稱號，但其實這個萬能，可說是汗水與淚水所堆成。日本轉播單位習慣在國際賽時，讓不熟悉外隊的觀眾可以馬上理解球員背景特性，江國豪能先發能中繼，因而冠上了「萬能右腕」的封號，但首輪指名進入職棒的江國豪，一開始眾人所期待的，其實是能成為本土王牌的角色。

「能夠上場，什麼角色都很好。」以大專最佳先發投手的評估進入職棒，江國豪在中職選秀會首輪被富邦悍將挑中，原以為棒球生涯就此一帆風順，每年固定先發二十場、繳出單季十勝，似乎是應該要繳出的成績。不過職棒的殘酷、嚴苛與現實，讓他除了必須扛著球團、球迷的期待與壓力外，更得試著在不同定位中扮演好角色，只因為球隊可能覺得他不夠好，或是突然改變想法，覺得其他角色更適合他。

近幾年，江國豪長期在一軍先發中繼兩頭跑，甚至在二軍也是同樣狀況，讓他曾自問「為什麼是我？」在二軍比賽裡，投手調度的安排通常會先寫好，江國豪卻因為投球穩定性好，在二軍時必須要常常擔任「Cover」的角色，被迫在先發過後的兩三天後，準備隨時中繼上場收拾殘局，這對於以第一指名進入球隊的投手而言，是少見的角色安排。

在一軍比賽時，總教練還曾透過媒體，用嚴厲批判的態度指責他的投球內容，江國豪因此當下感到疑惑，但低潮並沒有維持太久，他隨即轉念，「我就是喜歡一直投球，教練這樣說也是為了我好。」心態調整後重新出發，缺什麼角色，就補上什麼位置，馬上投出好成績後，又重新獲得總教練的信任。

雖然一下子擔任先發，一下子轉任中繼，要調整好狀況並不容易，不過江國豪覺得，有出賽機會就是夢寐以求的願望。與其坐在旁邊看隊友在場上拚搏，踏上場並站在投手丘，使出渾身解數來讓打者出局，不管狀態好與壞，總有能夠解決打者的方式，這是江國豪在職棒生涯裡的體悟，也是一路走來的心路歷程。

從小到大，江國豪的身材並不高大；即便現在進入了職棒，球速最快可飆破一五〇公里，但跟許多強力投手相比，江國豪身材還是偏纖細。靠著不錯的協調性，讓江國豪在少棒時是球隊主力，除了投手之外，內野中線也非他莫屬。可是進入到青少棒或青棒時，多的是在旁邊看隊友比賽，也從少棒時的不動主力變成國中的替補捕手，實在很難想像未來他會如此發光。

當你表現好時，人們喜歡你做的一切；當你表現不好時，人們會找出一千零一個理由，卻忘了你也是個人。
～羅賓森·坎諾（Robinson Cano）

「國三時，球隊的投手其實不夠多，為了上場機會，所以重新開始丟球。」好的協調性，幫助江國豪的控球有一定的精準度，雖然身材緣由，一開始速度沒別人快，但也開始讓他學著，如何用控球、配球的技巧來讓打者出局。終於等到高三時球速提升，讓他慢慢成為球探的觀測目標，大學時直接破繭而出，終於成為球隊的王牌先發。

世界十二強賽更是江國豪把自己的價值發揮到極致的時刻，在眾人不看好之下，江國豪發揮他可以投長局數，卻又能在牛棚裡準備好的特性，面對日本與美國兩大強敵，繳出六點一局、只失一分的內容，而且出賽的時間點是六局上、三局下與一局上，要按照計畫準備好，還是臨時有危機突然上場，似乎真的都難不倒他，成為名副其實的「萬能右腕」。

以前稱讚籃球場上的最佳第六人，上了場可以馬上進入狀況，會用「微波爐」來表示這位球員的難能可貴；江國豪的隨插即用，也是一種瞬即加熱的萬能展現。或許過往對於第一指名的評價，還是期待本格派王牌的加入，但江國豪以對上場的渴望，轉化成補上球隊空缺的動力，則是另一種第一指名的價值。

我永遠忘不了這顆失投

吳昇峰

吳昇峰

作為業餘球員的代表人物，吳昇峰成名很晚，卻聲勢浩大，屢屢幫助臺灣在國際賽擊敗強敵，但他忘不了的那顆球，讓臺灣錯失了進入奧運的機會。不過換個方式也能化解遺憾，吳昇峰投入後勤，成為世界冠軍的一份子。

二〇一九年世界十二強棒球賽，銜命先發的「最強銀行員」吳昇峰投了六局多好球，唯一的一顆失投球，形成了被逆轉超前的全壘打，最終二比三不敵美國，臺灣因此跟東京奧運的門票擦身而過。賽後吳昇峰在採訪區忍不住流下男兒淚，認為辜負了國人的期待，他說：「我永遠忘不了這顆失投。」

即便已經步入球員生涯後期，但吳昇峰可能還是業餘球界裡最廣為人知的球員之一。他從二〇一七年亞錦賽、二〇一八年雅加達亞運，接連對戰韓國隊投出優異內容，特別是亞運對上韓職明星隊，還幫臺灣拿下勝利，「抗韓英雄」與「業餘王牌」的名號不脛而走，甚至還成為中職三十年來，第一個打明星賽的業餘球員。

然而吳昇峰的棒球生涯並非大家所想像的一帆風順，「大器晚成」用來形容吳昇峰的棒球人生，再恰當不過。吳昇峰說：「高中成績不突出，中間跑去兄弟象當練習生，後來就讀國體也沒投出成績，直到進入國訓後，才有一點點成績。快退伍時，我跑去問許總（合庫總教練許順益）能不能進合庫挑戰自己，他很乾脆地答應讓我試看看，就在合庫打球至今。」

過程講得輕鬆且理所當然，但吳昇峰也曾經想過要轉行，像是當老師，或是當教練，但因為小時候家人希望他念書，他卻堅持要打球，爸爸只說了：「要打球就要為自己的人生負責。」想到爸爸的一番話，吳昇峰繼續堅持下去：「既然要打球，就要做到最好。」

二〇一七年港口盃是吳昇峰的人生轉捩點，那時他首度當選國手，在港口盃四強對日本先發五局無失分，幫助臺灣進入冠軍賽，「那時心裡想著，終於輪到我了！好不容易終於等到這一刻，如果能把握住，以後一定會有更多機會，錯過這次，下次不知道還要等多久。」吳昇峰說。

就從這一場比賽開始，吳昇峰開始成為業餘國家隊的王牌，他說：「在業餘待久了，真的會覺得人生沒什麼目標。這幾年終於有機會經歷一些層級比較高的比賽，可能是過去的不順遂，讓我更加渴望留在投手丘上，想霸佔住投手丘，讓大家的目光停留在我身上。」

因此像是在中職明星賽裡，吳昇峰即便被強襲球「中蛋」仍不退場，繼續留在投手丘上；又或是只要合庫的重要比賽裡，不論是先發中繼或後援，教練點名，他總說好，沒有完成任務絕不輕言退場。然而二〇一九年世界十二強賽，被美國Brent Rooker打的那支逆轉兩分砲，讓他只能黯然離開投手丘，

我曾經被噓聲送下場，也曾經被歡呼聲高舉離場。我兩邊都經歷過，可以告訴你，壞的那一面往往更受關注，但當好的那一面站在你這邊時，那種感覺真的非常棒。
～湯姆·葛拉文（Tom Glavine）

「是我自己沒投好。」

那支兩分砲，不僅關上了臺灣進入奧運的大門，也像是預告吳昇峰的生涯將開始下滑，雖然他依舊是合庫重要的投手，雖然他在那之後也還是有入選國手，但不可否認的是重要性已不若過去，就連吳昇峰自己都說，「現在的球不太會跑了，只能靠著進壘點跟速度變化，想辦法讓打者打不好，看看能不能騙一下。」

這或許也是為什麼吳昇峰一直對這支全壘打念念不忘的原因，原本吳昇峰以為自己會默默地結束球員生涯，在合庫打球的終點，就是回歸到銀行體系或轉任教練，下班放假的時間就教教社區棒球。沒想到一通電話，讓他有機會逆轉那顆失投球，用不同的方式來幫助現有的國家隊成員。

二〇二四年的世界十二強棒球賽，負責情蒐統籌的陳瑞昌認為，吳昇峰過往的國際賽經驗，可以用球員的角度來解讀情蒐報告，更可以大學長的身分說服球員理解。吳昇峰因此加入情蒐團隊，開始過去從沒想像過的生活作息與工作方式，不僅要兼顧合庫的訓練，還要閱讀大量報告與影片，想辦法分析與理解，比賽期間一天睡不到三小時，讓吳昇峰大嘆做情蒐比當球員還累。

但吳昇峰的加入確實幫助國家隊許多，像是同樣為側投的黃子鵬，就快速的在吳昇峰講解下消化情蒐報告，轉化成為自己的投球策略；吳昇峰過去的國際賽實戰經驗，也幫助教練團可以觀察到更多沒注意到的細節，最終臺灣擊退了日本，拿到從沒想像過的世界冠軍。

二〇一九年的失投球讓吳昇峰一輩子難忘，卻也是因為這顆球，讓吳昇峰用不同的方式投入國家隊，因而見證了臺灣的棒球奇蹟。從今以後大家講到吳昇峰的那顆失投球，也許還是有惋惜，但不再是永遠的可惜，也許就是因為那顆失投，才有後來的世界冠軍。

在人生中，光有天賦是不夠的。你還需要很多其他的東西，像是好的建議和基本的常識。

～哈克·威爾森（Hack Wilson）

我們一起回家練球好不好？

周思齊

周思齊

整個職棒生涯，周思齊遇過太多事情，劇情曲折到可以拍成連續劇：靠著苦練搶下先發位置，卻又遇到整隊打假球的米迪亞事件；即便如此，他對於棒球的熱情與信任從未消退，也相信唯有苦練才能證明自己，跟其他人不一樣。

周思齊在二〇二四年結束了他二十年的職棒生涯，或許不是職棒場上最閃亮的那位球員，對於臺灣職棒來說，卻有其特別的意義。他的引退代表臺灣職棒或許已走過那段不堪回首的黑暗期，也代表職棒場上不向黑暗低頭的象徵，不論遇到任何事都埋頭苦練，試圖在場上用實力證明一切。

綜觀周思齊的棒球生涯，有別於從小就是球隊裡不可或缺角色、最終也踏上職棒舞台的球員，周思齊比較像是個「地才」，靠著不斷苦練，才有現在的一切與地位。許多與他共事過的球員，不論是同期或後輩，都提到他的訓練量龐大，要走完所有流程並不容易，跟他一起練習的高宇杰就整個人瘦了一圈。看到高宇杰的體型大變，只能慶幸自己從沒答應過周思齊的邀約。

或許天賦並不是特別突出，但透過想法、計畫、實踐的方式，周思齊一步步完成自己打職棒的夢想。或許這跟他與大多數球員背景不同有關，許多球員都因為不愛唸書才決定開始打棒球，周思齊國小時成績不錯，「如果再來一次，我不想要直接打棒球，想要先打社區棒球，這樣才能夠兼顧學業。」周思齊曾這麼說。

因此練球這件事，對周思齊來講意義重大。從高苑工商的三軍，一路打到青棒國家代表隊名單；從職棒替補外野手，變成有選球有長打的球員；從把球打到外野手身後的打者，變成能穩定把球送上看台的重砲型球員。更重要的是，從原本對其有疑慮的球員，變成人品可信任的職棒工會理事長，如果不是身體力行，並持續穩定地繳出成績，周思齊不會有這樣的職業生涯與結果。

在球隊老闆勸說放水時，周思齊與其他潔身自愛的隊友，只能想辦法繼續維持球感，好面對打打停停的出賽場次，如果打不好，反而會被認為是其中一員；在特別選秀會被挑中時，為了爭取認同，他努力繳出比過去更好的成績。甚至離開了那支球隊超過五年，周思齊仍需要一邊出庭、一邊在職棒賽場上拚搏，「練球」成為了他的避風港，讓他有個空間自我沉澱，也能持續精進技術。

這樣的過程淬煉出招牌的高抬腿打擊動作，這是「毛哥」孫昭立教練建議的，他認為周思齊有這樣的條件可做如此動作，但周思齊花了三年時間才讓自己的節奏變化自如；接受外籍體能教練葛蘭的重訓菜單安排後，開始自費聘請訓練師，身材變得逐漸厚實，搭配比賽經驗的吸收，也開始有單季二十轟以上的成績。

「我們一起回家去練球好不好？」是周思齊在引退儀式上，讓最多人討論的金句之一。許多人認為，周思齊在講這句話時，提到了「牌桌」，讓人覺得是針對先前「德州撲克」事件的幾名年輕球員，但這其實是許多走過中職黑暗期球員的共同心聲，與其說是針對，不如說是真心提醒，希望職棒不要再走回頭路。

過去能好好練球已是不易，現在一場職棒例行賽，竟然能夠吸引四萬人進場看球，對許多資深球員或教練來說，根本是想像不到的榮景，要說是天方夜譚也不為過。但此時此刻，更需要珍惜與維護環境，並持續提升自己的能力，讓更多人進場觀賞職棒。

這也是為什麼周思齊如此受人尊敬的原因之一，不論在場上場下，他都盡了球員的本分，甚至還做得比標準更高，練得比別人更超過，還提攜了許多後輩，甚至創了基金會回饋基層。而這些結果的出發點，不過只是從練球開始做起，希望我們的職棒球員，如果想到或還有其他精力做別的事情時，都能記起周思齊說的這句：「我們一起回家練球好不好？」

當你在合約上簽下名字時，這不只是為了打棒球。你有責任做出正確的選擇，並且成為別人眼中的榜樣，告訴他們什麼才是應該做的。

～湯尼·關恩（Tony Gwynn）

一個國家的棒球強不強，從他們能不能承擔失敗開始

林泓育

林泓育

林泓育是棒球哲學家，也是知識王，每次跟他聊天都能獲得對棒球不同角度的認識。不知道是當捕手的人天生頭腦好，還是頭腦好的人總會當捕手，林泓育的領導氣質與解讀比賽的能力，永遠能讓我對捕手這個位置有嶄新的認識。

從以前到現在，我一直都很喜歡跟林泓育聊天，甚至還替他取了個外號在同業間流傳，叫做「棒球邏輯王」。不知道是捕手都很會聊天、頭腦特別靈活，還是因為林泓育有別於傳統那種「看起來」頭腦跟守備靈活的捕手，有別於他的打擊，守備部份則是經歷過了許多次失敗，才成為本壘板後的守護神。

也許是失敗數多了，經驗積累夠了，該怎麼跟投手搭配，在什麼時機去做該做的事情，也自然而然的被教會。記得二〇一七年世大運時臺灣不敵韓國，其中一個關鍵的Play，是韓國隊的左投突然牽制三壘成功，那時林泓育的結論是：「一個國家的棒球強不強，從他們國家的棒球能不能承擔失敗開始。」

過往我們常說，棒球是結果論的運動，但決策前的過程，卻少有人去探究。林泓育說：「美國的投手為什麼敢用直球對決打者，因為他們能夠承擔直球與打者對決失敗的風險。但臺灣會跟你說，為什麼要配這個球？為什麼不用變化球？為什麼不投開一點……就是一場比賽而已不是嗎？你要先承擔風險，才能讓球員放手去打。」

這幾年，常有許多球迷探究捕手的配球，但配球過程中，要參考的其實是投手的決勝球路、打者不擅長的球路與位置，以及當天投手的狀況。並不是最後結果所呈現的那麼簡單，而這也是林泓育從一個蹲捕讓人沒有安心感的捕手，進化成蹲捕勝率極高的捕手，所必須經歷的過程。

記得二〇一三年的經典賽，那場永遠讓人難以忘懷，距離勝利就差那麼一點的臺日大戰，王建民整場比賽壓制日本隊的打擊，卻少有人記得，在本壘板後面與王建民搭配的捕手是林泓育；大多數人提及王建民的伸卡球讓日本打者難以擊中球心，可是沒太多人說到，整場比賽只有一兩顆球不是伸卡球的搭配，是林泓育不斷地從本壘板後發出的暗號。

「如果一種球就有用，為什麼要配另一種球？」林泓育事後這樣說。從結果來看確實是成功，但照過往的邏輯來想，許多人難道不會認為，「同一種球路與速度，打者容易適應，投手的壓制力會變差。」

但林泓育用了最簡單的方式，卻也是王建民最有威力的球路，一路壓制日本到底，「打擊率三成就很高，但是有七成的出局機率。球員、教練、球迷，能不能去接受這些失敗的可能？」能否去承擔風險，讓球員做出大膽的判斷，是林泓育覺得國家棒球實力是否進步的指標。

有著這樣的經驗，林泓育在職棒賽場或是國家隊裡，也不吝跟同為捕手的學弟們分享，甚至往往在賽後，Lamigo桃猿或是樂天桃猿所習慣的，在休息區集合討論，希望讓每一場比賽都能成為球員成長養分的檢討會，也往往由林泓育發起。

「我覺得職棒這個環境，很棒的是遇到狀況時，很多人會給你建議與想法，再積極一點的話，就是自己找方法或是去請教別人。但別人教給你的，要如何應用在場上，需要一點時間去做吸收與調整，但一定要經歷過這些過程，才有現在的我，也才會進步成不一樣的球員。」林泓育說。

說了這麼多，到底是林泓育想法太有邏輯，還是棒球打得好的球員有自己的一套邏輯？林泓育笑說：「打棒球真的需要邏輯性跟理解能力，不是只有技術上的成長，心智上也要成長，你要拿起也要放得下。除了贏之外，輸的時候也要接受，因為在棒球場上，沒有永遠的贏家。」

這些道理或許每個人都知道，但實際在場上，能夠大膽去做，並且接受失敗的球員教練並不多，更別說是旁觀的球迷與媒體。可以堅持自己的嘗試與想法，也許就是林泓育在整個職棒生涯成功的關鍵，成為臺灣職棒史上名列前茅的重砲指揮塔，也是我最喜歡請教的棒球邏輯王。

投手手裡只有一顆球，而我有一根球棒。所以從武器的角度來看，優勢在我這邊。我只管專注揮棒，讓那個拿球的傢伙去發愁吧。
～漢克・阿倫（Hank Aaron）

小國也可以成為世界冠軍

林昱珉

林昱珉

世界十二強賽中臺灣最仰賴的王牌投手，許多人只看到他在場上的霸氣，以及目光不自覺移轉到的「包手」上，卻忽略了他想用棒球讓全世界注意到臺灣的決心。而這份決心促使他不斷成長向前，小小的身軀也能釋放大能量。

在美國亞利桑那響尾蛇隊，林昱珉的職業生涯發展雖然遇到了不可預期的傷勢，但整體來說爬升速度快，且登上大聯盟似乎指日可待。即便如此，他卻從來沒有忘記臺灣，只要有機會可以穿上國家隊球衣，他總是躍躍欲試，試圖盡一己之力，幫助臺灣拿到最好的國際賽成績，而世界十二強賽他做到了，就像他說的：「小國也可以成為世界冠軍。」

一般來說，大家會喜歡的王牌投手，有兩種截然不同的特質。有一種是喜怒不言於表，就像是撲克臉一樣，很難察覺他現在的想法為何，王建民是如此、郭泰源也是如此；而另一種，則是個性豪放，在投手丘上捨我其誰，贏了內容之外，氣勢也絕對要把對手給壓下去，霸氣十足。過往的郭泓志是如此，現在的林昱珉同樣也是這種類型。

老實說，這兩種類型沒什麼好壞之分，純粹是個性不同罷了。不過臺灣人嘛，總是比較喜歡內斂、沉默的感覺，這是大眾的喜好，過度外放的表現，總是會被人放大來看，「不要太囂張」、「上到大聯盟了嗎」、「一直都會這麼好嗎」，諸如此類的言論。就像郭俊麟過往在三級棒球時豪邁不羈的王牌樣貌，也被網友攻擊了好久好久，直到現在才稍微少一些。

但我可以了解，林昱珉為什麼在投手丘上需要霸氣十足的樣子，即便離開投手丘，他就像是符合二十歲出頭年紀的年輕人一樣，會為了球隊的每個Play開心與緊張不已；即便出了球場之後，他的講話談吐成熟且穩重，更別說許多接觸過他的人，都覺得他很有禮貌，是個親切且不會拒絕採訪的年輕人，不過這些地方或許沒太多人知道，也很難讓一般球迷注意到。

就算是一路從U12、U15、U18，林昱珉都入選國手；就算是國中畢業，球速就超過一四〇公里，順利進入名校穀保家商就讀，從高一就成為球隊的主力投手，但許多人仍認為，林昱珉的硬傷就是身材不夠出色，一八〇公分、八十公斤左右的身材，沒辦法長期在投手丘上壓制對手，成長過程裡，他從來就不是身材高人一等的球員，即使大家都知道他天賦很好。

更別說來到美國之後，那就像是個群魔亂舞的世界。許多人都知道，所有最具天賦的球員，都在美國尋求一個大聯盟夢，卻也很少人知道，即使你是球隊裡有潛力的國際新秀，球隊也花了不少的簽約金網羅你，但還是很多人看不起你，隨時等著看你笑話，沒有繳出成績身旁就會有閒言閒語，這時候你不武裝自己，還能怎麼保護自己？

這些過程也許林昱珉都沒對許多人說，但了解他的人總是看在眼裡，而且努力讓自己茁壯的過程，他那善良的心也沒變過，不管是想幫助自己的恩師，在國際賽裡能有個好成績，還是就像他說的，用棒球來讓更多人知道臺灣，就算是小國也能夠有好球員，也能夠拿到世界冠軍，就算有些球迷不懂、不了解，他不多說，只想用身體力行。

二〇二三年是林昱珉的上升期，從高階1A爬升到2A，全年投了超過一百二十局，還穿上國家隊球衣打亞運，讓韓國就此知道需要警惕這名投手，接下來國際賽會很難對付臺灣，林昱珉儼然展現未來王牌的接班架勢。不過雖然如此，就算投球負荷量這麼大，聽到恩師周宗志擔任了亞錦賽國家隊的投手教練，他馬上主動說他想打，這也是當時為何大名單裡面，會出現林昱珉名字的原因。

最後是響尾蛇隊跳出來婉拒徵召，才幫林昱珉踩了煞車。響尾蛇隊的臺灣球探TY，花了一番心力才讓林昱珉放棄，他跟林昱珉說：「你的未來更重要，如果你想幫助臺灣，應該要在更高的層級，這樣才會更有價值；如果你想對周教練報恩，那等到周教練哪天是更重要比賽的投手教練時，這樣你會幫助

在我打球的時候，我從不需要聚光燈，也不渴望它。我只想好好打棒球，並贏得隊友與對手的尊重。
～布魯斯‧蘇特（Bruce Sutter）

他更多。」

ＴＹ這番話，原本只是要讓林昱珉冷靜下來，沒想到像是另類預言一般。雖然林昱珉沒有幫助周宗志教練在成人國際賽裡取得好成績，不過在更重要的舞台裡，也就是現在大家不會忘的世界十二強賽中，成為臺灣唯一王牌，並在韓國與日本兩大強敵之戰中，成為贏球的關鍵投手。

「小國也可以是世界冠軍。」是林昱珉對自己的期許，希望可以幫助臺灣讓世界看到，但他沒說的是，有企圖心的球員總是能面對強敵創下佳績，從小就不被看好的身材，用苦練與鬥志讓天份綻露，在拿到世界冠軍之後，相信不久的將來我們又會聽到大聯盟的轉播裡說道：「Lin，來自臺灣的投手。」繼續讓大家用棒球認識臺灣。

一起贏球的感覺才是最棒的，
打多少轟對我來說一點意義都沒有

林智勝

林智勝

臺灣職棒史上的全壘打王，林智勝的每一次揮棒總能觸動人心，有許多經典場景都是由他所創造。全壘打是球迷最喜愛看到的場景，其實林智勝從來不在意全壘打，他在意的是全壘打的結果，能否成為球隊贏球的要素。

達成生涯三百轟的成就之後，林智勝成為臺灣歷史上的全壘打王，也將要迎向職棒生涯的終點。然而即使完成這前無古人的紀錄，整個生涯都像是在用全壘打寫日記的林智勝，對於全壘打的感覺與印象卻很薄弱，他說：「講真的嗎？在我的生涯中，一直努力的是幫球隊贏球，打多少轟對我來說一點意義都沒有。」

熟知林智勝的球迷們，總會細數他過往的一些精彩片段，像是在第一屆世界十二強棒球賽裡面，面對古巴的那支驚天一轟，不論何時被播放出來都依舊熱血沸騰。也許對林智勝而言，每支全壘打都是經過不斷苦練淬煉出的結果，每一次的揮棒都只是為了贏球而努力，「打完就過了，不會去特別回想，我知道球迷們都說古巴的那支。當下我會很興奮，可是過兩三天就忘了，因為身為球員，必須要向前走，不會每次揮棒與結果都是一樣的。」林智勝說。

在林智勝加入職棒之前，許多人早已幻想他的未來會如何光明精彩，強大的身軀搭配豪邁的揮棒，儼然就是天生的長打者。擊出全壘打就像喝水般容易，不過林智勝可沒覺得這麼自然，他說：「我在代訓時，每天能做的就是只能打Long Tee（有人用拋球的方式，來讓打者想辦法把球打得又高又遠）。每天都在打打打，日本教練只叫我全力打，我也不知道打這個幹嘛，結果等到真的上去比賽時，我才發現我有這樣的能力打全壘打，原來是身體協調練好了，全壘打自然就出現。」

全壘打的產生就像自然效果，彷彿一切揮棒過程都完美了，就會出現好的結果，林智勝解釋，揮棒的協調性、軌跡、力道、節奏都對了，剛好迎合到了投手投出的球，就會形成全壘打，「瞭解捕手的配球、瞭解投手的球路軌跡，掌握擊球點的話，就有機會可以打出全壘打，打到後來全是靠經驗，而不是靠力量。」

講解全壘打形成的過程，林智勝像是已悟道的宗師一般，頓悟看透了其中道理，他強調著：「全壘打是要靠經驗而不是靠力道。」在四十歲的球季裡，他仍能繳出單季十轟的水準，不過職棒環境裡並沒有給老將跟小將一樣的發揮空間，畢竟老黃忠還能維持這樣的水準多久，誰也說不準，既然歷史定位的三百轟已完成，也只能退居二線作為輔助角色，最終還是必須迎來告別的舞台，一代宗師也得上台謝幕。

剛進職棒時，林智勝跟同期戰友石志偉討論，打職棒的話，五年差不多了

我一直相信，無論你身在何處，只要你做的是你熱愛的事，你就會感到幸福。
～羅伯托·阿洛馬（Roberto Alomar）

吧？後來石志偉退役之後，林智勝還在場上奮戰直到四十三歲，才準備面對生涯的最終季。會做出這樣的決定，林智勝早有預期，畢竟在生涯後期出賽機會銳減，離開中信兄弟後原以為可以鳳還巢桃猿，最終輾轉在味全告終，有些事情真的是勉強不來。

「可以打我就打，不能打的話，也真的勉強不了。」林智勝訴說自己身上哪些地方受過傷，如果哪天沒辦法再在場上為球隊做出貢獻的話，林智勝強調自己會決定離開。

直到生涯最後，考慮的重點依舊是球隊的勝負，也許在那個三級棒球爭得你死我活，只有贏球才是一切的時代裡，培養出來的球員就是如此在意勝負。記得有次臺灣大賽，林智勝創下了單場三響砲的紀錄，成為史上第一人，卻因為球隊輸球，他心情差到婉拒訪問，在我好說歹說之下，才盡力擠出幾句話讓我能夠在報導裡交差。

「因為那種一起贏球的感覺，只有我們一起打球的球員們才知道，感受是最棒的。整個生涯裡，能夠拿總冠軍，也比拿到個人獎更開心，紀錄這種事，或許三百轟這個數字會被人記住，但我其實從來沒想過自己能打到什麼樣的成績，只是一直打著打著才到這裡。」

從過往的年輕氣盛，到現在的老僧入定，林智勝的全壘打日記即將畫下句點，但跟過往一樣的是，每次出賽他總是全力求勝，享受棒球，也享受贏球帶給他的快樂，至於全壘打，就當作每次為了贏球所做的全力揮棒，因而產生的附加結果吧！

我一直認為，成為一個全力以赴的球員，對比賽和隊友懷有責任感，是最值得驕傲的事。
～小卡爾·瑞普肯（Cal Ripken Jr.）

想繼續成為花蓮棒球的榜樣

馬傑森

馬傑森

花東資源的貧瘠，讓許多有天賦的球員在一開始的起步相當艱辛。馬傑森就是這樣過來的球員，甚至我自己捐出的手套，也被他在國中時使用過。透過許多人的幫助走到了職棒，馬傑森現在的目標是成為下一代的榜樣。

第一次對「馬傑森」這個名字有印象，是在花蓮擔任基層教練的前統一獅球員張志強跟我提到的。我通常會把用不到的球具，跟隊友一起整理完之後，寄到有需要的基層學校去給小朋友使用。張志強特地告訴我：「我把你的手套，給了一個叫做馬傑森的球員，他很有未來性喔！你以後可以注意看看。」

後續的故事，大概就是大家所了解的劇情線。不被看好的花蓮縣青少棒代表隊，竟然拿到了那年U15國家隊的組訓權，馬傑森拿著我的手套，從花蓮縣代表隊集訓到打中華隊，一路使用下去。後來馬傑森進入普門中學就讀，成為該屆最具代表性的長打游擊手，被樂天桃猿第一輪指名而進入職棒。

看似順遂的過程，其中卻充滿許多貴人的幫忙。張志強執教的是花蓮三民國中，馬傑森卻是光復國中，因為惜才，所以張志強把馬傑森放進花蓮縣代表隊，還讓他擔任陣中的主戰游擊手；拿到國手資歷，也讓許多高中強校看到了馬傑森的身手，順利進到普門高中就讀，成為許多球探關注的球員。

另外更為人知的，則是與周思齊「球芽」的緣分。馬傑森是周思齊所創辦的「球芽獎學金」首屆得主，那時候能夠得到獎學金，對家境並不富裕的小朋友來說，是為數不小的及時雨，更代表被學長的肯定與鼓勵。這也是為什麼，只要球芽有需要，馬傑森總是會排開時間參與頒獎或活動，就是因為當年受到周思齊的鼓勵，才有現在的馬傑森。

「想跟那些優秀的學長們一樣，繼續成為花蓮棒球的榜樣。」馬傑森表示，當年能夠在獎學金頒獎典禮上，獲得周思齊的鼓勵，是他繼續前進的動力，「特別那些都是在職棒賽場上表現很好的學長，有時候簡單的一句話，比教練、比家長更來得有用。如果我能夠成為這樣的學長，就能夠繼續鼓勵花蓮的棒球前進與成長。」

秉持著這樣的態度，除了公益活動無役不與，持續提升在場上的重要性，更是增加場外影響力的最佳方式。原本高中時頗受好評的攻擊型游擊手，來到職業賽場後，長打能力似乎遇到了轉換的撞牆期，不過馬傑森換個方式，用守備來贏得教練信任。在二軍時與陳瑞振教練不斷苦練，承襲「榊原流」的下盤運用，靠著穩定守備搶下了球隊主戰游擊的位置。

「守備練習是最吃力不討好，大家也常忽略的部份。」陳瑞振教練說。大家進來職棒之後，總是習慣先看打擊數據，球員在練習上，也習慣追求打擊與長打能力的提升，「但好的守備，特別是好的游擊手，就像是場上的中樞神經，只要能給球隊安定感，就不可能會換人，只是需要花很多時間累積。」想成為學弟榜樣的想法，成為支撐馬傑森在職業棒球的環境裡繼續前進的動力，而這些努力並沒有因為外界對於他與「啦啦隊女神」感情花邊的關注而受到影響。一次又一次枯燥的基本訓練，他撐了過來，並轉化成一次次讓人驚訝的守備成果，現在談到馬傑森，教練和球評也許會說打擊還有許多進步空間，但「守備穩定性不錯」，則應是共同的評語。

現在只要有關於花蓮的棒球活動，馬傑森就是主辦單位會優先想到的邀請對象，他樂於投身公益、喜好分享花蓮棒球與自身苦練成功的故事，絕對是最好的代言人。甚至還追隨了周思齊，把自己部分簽約金分為十年份來贊助學弟，都是最好的回饋故事。

甚至我自己也是，在馬傑森進職棒之後，我收到了一個包裹，裡面是跟當時馬傑森所使用的同款全新手套，上面繡著感謝語與馬傑森的LOGO。懂得感念，是馬傑森一路以來能夠順遂進入職棒的最大原因；而這個「正循環」，也是馬傑森想要接棒周思齊，成為花蓮棒球榜樣，一路傳承下去的精神力。

棒球教會我堅持與努力，這些都是成功不可或缺的要素。
～劉義傳

能當球員是很幸福的事情

高國慶

高國慶

有的時候能打得夠久，除了自我要求之外，也需要其他人認同你的付出，才能夠持續以球員身分站在場中。高國慶就是這樣的範例，或許天賦不是最突出，但他的努力絕對是名列前茅，才能夠一路累積二十年的職棒年資。

征戰了二十個年頭，統一獅隊的「大學長」高國慶，在四十四歲時宣布退休，並在自己的引退賽裡打滿全場。雖然在生涯末期，高國慶在統一獅裡的重要性逐漸衰退，但他不輕易言退，即便沒有上場也時常在場邊做好準備，隨時等待出賽的機會，因為高國慶說：「能當球員是很幸福的事情。」

即便是拿到千勝的總教練洪一中，也時常講一句名言：「能當球員就不要當教練，能當教練就不要當總教練。」而這句話背後的含義，以及後面的句子，卻少有媒體提及。洪一中說：「當球員其實是最幸福的，因為你只要負責好你自己，但許多人卻覺得當球員很累。不過太早轉當教練，甚至是很快就當總教練，其實讓你的人生太快到頂，也走到死，後面該怎麼走都不是。」

在這樣的邏輯下，洪一中總是特別讚許高國慶。每次只要遇到高國慶，都會比個讚，「國慶這樣真的不簡單，數十年如一日，要維持好自己的身體狀況，不能輸給年輕人，這代表背後花的苦心，不是一般人所想像的那麼容易，而他這樣的態度也才是對的。」

為維持自己球員生涯在高水準，高國慶是中職聘請個人訓練員、防護員的先驅。曾是Lamigo桃猿首席防護員的林晉民，剛退伍時就擔任過高國慶的個人防護員，負責照料高國慶的各種運動傷害防護；富邦悍將中繼投手歐書誠，也曾當過高國慶的個人訓練員，負責餵球給高國慶做打擊練習。

這些投資，事後來看不一定對當下高國慶的個人成績造成多大影響，但都代表高國慶對「職業棒球選手」這件事情的重視，沒有付出肯定不會有收穫。

許多職業球員，從小在三級棒球時代刻苦耐勞，就為了有一絲擠進職棒窄門的機會；但真的進入職棒後，就像是圓夢完成、再也停滯不前，殊不知進了職棒後才是真正的考驗。除了場上技術之外，身體健康、訓練態度等場外因素，都是職業生涯能否打得長久，能否留下成績的關鍵因素，這些都是高國慶令人欽佩的地方。

「運動沒有天份，只有後天的努力。」能夠打進職棒，或許每個人都天賦過人，但能夠比較出誰較為特別，可能就是看誰更努力。高國慶的場外保養、自主訓練、重量訓練都安排得比別人多，比別人扎實。如果球場可以早點開，他絕對會選擇提早到；如果重量訓練室可以晚點關，他一定會選擇練到底，為了要讓自己增加靈活與反應度，在年過四十時還曾減十公斤來備戰新球季，在在都看得出他的努力過人。

同在二〇二四年引退的周思齊，談到球迷對資深球員始終沒有引退時，曾開玩笑的說：「佔著茅坑不拉屎嗎？」不論是周思齊，還是高國慶，臺灣球迷對於資深球員總抱著厭惡感，認為他們擠壓了其他年輕球員的出賽空間，但球隊能讓這些資深球員打這麼久，除了是戰力上的預備需求之外，更多的其實是精神上的正面影響。

我曾在一場二軍例行賽場邊，看到高國慶並未被放在先發名單上。但他卻利用各個方式來幫助自己，隨時跟上場邊的節奏。有牛棚投手熱身時，到牛棚練投區的打擊區位置，幫助自己能快點適應投手動作與球速，也順帶讓練投的牛棚投手，隨時都有打者在旁準備的感覺，直接把練投當作模擬比賽，不至於與比賽的感覺差太多；如果沒有投手在練投，就在場邊握著球棒，緊盯每一個對方的來球，設定好自己的攻擊策略，才不會毫無準備的上戰場。

「運動不會騙人，訓練與付出的努力，都是之後每一個可以回味的過程，我覺得很值得。」這是高國慶對於棒球的體認與心得，也是因為他深知，能夠當球員是一件幸福的事情，越幸福就越要珍惜，而珍惜這份工作的方式，就是想辦法做到盡。最終他打了二十年的職業棒球，也體會了二十年的長久幸福。

我只想打棒球。
～大衛·歐提茲（David Ortiz）

要罵我，我一定會當面跟你道歉，但我不應該這樣封閉自己

郭阜林

郭阜林

郭阜林帥氣的外表以及優異的談吐，加上對待家人朋友總是真誠，很少人不喜歡他，直到酒駕事件後，他成為球迷所唾棄的對象。面對錯誤，郭阜林只能誠實面對，但最終還是要面對自己在職場上的壓力與現實。

以前我認識的郭阜林，算是一個媒體寵兒，也深受許多球迷喜愛。理由包括了他帥氣的外表之外，談吐、應答與態度都非常討人喜歡，直到發生了酒駕事件。酒駕改變或摧毀多少家庭的破壞性眾所皆知，公眾人物酒駕是許多人不能容忍的，特別郭阜林的爸爸，也是因為酒駕導致至今仍無法恢復正常。

當然酒駕的嚴重或輕微，每個人看法不同，但肯定的是，當時若不是有僥倖心態，也不會發生酒駕的違法事件。事件發生時，我正好就在臺南採訪，所有統一獅隊職員都震驚不已，過去形象如此良好，待人和善的郭阜林發生這樣的事情，到底該怎麼辦？不要說當事人了，就連球隊管理階層也頭痛不已。

最後統一獅是以下放二軍、禁賽兩個月，以及內部罰款的方式處理。許多人覺得，沒有開除郭阜林，已經是最寬容的處罰了，但我們彼此都清楚，這個枷鎖不會就此摘下，只要繼續在場上打球，對酒駕有意見的人，只會說他是「+90」、「酒駕林」，永遠不會有結束的一天。

「我知道自己做錯了，這也是為什麼我會在球場上跟大家公開道歉的原因。」重返一軍之後，郭阜林在公開場合上，直接對著所有人道歉。但就算道歉了，就像前面說的，指責永遠不會有結束的一天，直到過了這麼多年，還是有許多人會拿來批評郭阜林，甚至轉隊至台鋼雄鷹改穿「59」號，領隊劉東洋直說：「阜林之前酒駕犯錯，要轉隊來這邊，我們必須概括承受，給他59號的球衣（象徵無酒），也是希望警惕，並且珍惜這個舞台。」

連新東家的領隊都這樣說了，郭阜林應該習慣了吧？其實過程中，他內心曾經因為批評而封閉自己。「我知道網路上許多人都在罵我，我也知道自己做錯事情，所以我才會選擇道歉。但面對持續的指責，老實說……自己心裡因此而有點封閉。」郭阜林說。

「我媽說，我很不像我，她講了許多以前我是怎麼樣的人，也提到了還有許多支持我的人。」媽媽的話，讓郭阜林慢慢轉念，「我是做錯了，有人要罵我做得不對，我一定會當面跟你道歉，我虛心接受，因為這是事實，但我不應該這樣而封閉自己，也不能因為這樣改變在場上的態度。」

媽媽的話，讓郭阜林漸漸走出心房，除了場上的表現慢慢恢復正常，場下也開始做了許多不同嘗試。包括自己拍攝、剪輯影片，與臺南的理髮店合作拍片等等，原本個性就陽光且樂觀，比起過去，現在的郭阜林更願意展現那樣的一面，讓本來喜歡且持續支持他的球迷，可以更加瞭解「郭阜林」是什麼樣的人。

場上郭阜林也持續爭取自己的出賽機會，包括在二軍表現不差，等待能夠上一軍的表現，轉到能夠給予更多出賽空間的球隊，這樣的想法也醞釀了許久。在轉隊之前，郭阜林曾跟我討論過這樣的可能性，我說：「就職棒球員的現實層面來看，年紀確實是最大的敵人，隨著年紀漸長，可能願意給予的空間會越小。但統一獅是願意接納犯錯的你，願意再給你機會的球隊，真的想要走，一定要取得球隊的理解。」

後來經過三方討論後，郭阜林取得統一獅的祝福後離開，但我相信郭阜林不會覺得來到台鋼雄鷹後，就有理所當然的出賽機會，因為他曾說：「不論在哪裡或是什麼樣的背景，我的機會都不會剩太多了，所以我會把每個打席都當作最後一個打席，用更珍惜的心態把握每一次的打擊。」

犯過錯後，要不要給予下一次機會，我尊重每個人的想法，但繼續留下來的郭阜林，肯定不會比離開來得更好過。能夠坦然面對錯誤，接受大家的指責，然後繼續在場上努力的表現，讓球迷認同自己一點點，這或許也是另一種嚴厲且永遠不會結束的懲罰吧！

人生中你一定會犯錯，重要的是犯錯之後你做了什麼。
～鮑伯·費勒（Bob Felle）

來洗白的

郭俊麟

郭俊麟

巔峰時期曾經是國家隊王牌，只要有需要時，郭俊麟無役不與，卻也為此燃燒殆盡，然而許多球迷卻只記著他表現不理想的那些時刻。終於有機會再穿上國家隊球衣，對郭俊麟而言雖然開心，卻也是一場救贖之戰。

在二〇二四世界十二強賽事中，為了要緩和大家的情緒壓力，國家隊的隨隊配置有運動心理老師，可運用不同的方式來凝聚大家的目標與舒緩壓力。有次在賽前，運動心理老師問大家：「為什麼會來打十二強賽？」有別於其他學弟的目標，郭俊麟開玩笑的說：「來洗白的。」而他也真的做到這件事，成為臺灣奪冠的關鍵投手。

一開始聽到郭俊麟這樣自嘲時，一方面覺得他經過了許多低潮的磨練，才能夠這樣看透一切；另一方面又會覺得，過去曾經無役不與，只要國家有需要，從不拒絕出戰的王牌投手，在傷勢磨人之後還能再穿上國家隊球衣，已是得來不易的機會，他卻仍想著盡力表現，哪怕只有過往一半能力，只要能讓大家滿意就好，思之不免心酸。

或許因為郭俊麟的過往事蹟，他在球迷眼中並不討喜，加上發言比較率性，往往成為網路上球迷酸言酸語的目標；不過我從來都不討厭郭俊麟，甚至還滿喜歡與他聊天，因為實際的相處過程中，會讓人知道這位球員就是如此單純直接，會在意自己的表現不理想，也會滿足自己表現好的地方，與其說是個明星球員，不如說他就是個人，與我們相同的一般人。

在亞運時，力抗韓國的那位業餘投手；在U21世界盃時，幫助臺灣首度擊敗日本職業球員組成的國家隊奪冠。在第一屆世界十二強賽時，休息天數不夠，卻給了臺灣晉級希望的王牌投手，這些都是郭俊麟在巔峰時，給我無限想像的美好印象，甚至讓我覺得，他有機會成為臺灣在日職下一個十勝等級的投手，可惜最後只等到了傷痛。

那些美好過往不只是我，就連郭俊麟自己也曾懷念。「以前真的是，怎麼投都沒有疲勞的感覺，」郭俊麟說：「除了捕手手套擺哪裡，就能夠投到哪裡之外，就算休息天數不夠，身體也都還是充滿能量。」郭俊麟舉例，當年在第一屆十二強賽，他只休了兩天半就出賽，「就算投手教練有疑慮，我也還是跟教練說沒問題，但現在可能一場先發投完，手就要瘦個幾天。」

球員從小到大累積的疲勞與傷勢，運氣好的也許從沒等到受傷那天，運氣不好的，你不知道什麼時候會爆發。就像郭俊麟一樣，二〇一七年在經典賽的大爆炸，讓他就此跌進深淵裡。

那時的我在現場，記得郭俊麟球速不錯，狀態也很好，卻怎麼投怎麼被打。總教練還是信任他，認為他是球隊的王牌投手，他卻怎麼出賽，怎麼挨打，賽後也流下了悔恨的淚水。

或許接下來，也就沒人認為郭俊麟能再站起來了。肩膀的傷勢、手肘的傷勢，結束了日職生涯後回到臺灣，又變成球隊接連的交易籌碼、先發輪值的替補人選，就算透過運科訓練找回了一點球速，但跟當年那位投手丘上霸氣十足的王牌投手相較，還是有不小的差距。

「我真的沒想到過，自己還有機會再穿上國家隊的球衣，」郭俊麟說：「所以能夠再穿上這件球衣，我很珍惜，也盡自己的全力去投每一顆球，不設想局數，能完成就好。」

這樣的郭俊麟，也確實把這句玩笑話變成真，重新洗白了大家對他的印象。郭俊麟成為第三屆世界十二強賽臺灣陣中重要的長局數投手，不論是在預賽扛起先發，還是在複賽擔任中繼，盡力去飆他的球速，把球路控制在死角位置；再搭配他今年新練的Sweeper與切球，讓球迷看到熱情十足的郭俊麟，也是奪勝意志強烈的郭俊麟。

或許洗白完畢後，郭俊麟就跟他拿到冠軍一樣的感想，可以從國家隊的陣容退休了，這是最完美的國家隊生涯句點。從當年的U18、U21到世界十二

我喜歡別人懷疑我，因為那會讓我更努力，證明他們錯了。
～德瑞克·基特（Derek Jeter）

強賽，都拿到了冠軍，棒球生涯了無遺憾外，也真的為國燃燒到最後一刻。接下來重生的郭俊麟可以不用再為別人的看法而投球，而是真正的為自己的人生投下去。

我唯一希望的，就是從來沒讓人懷疑過我對這項運動的熱愛，或在最關鍵時刻，成為能被信賴的那個人。
～柯特·席林（Curt Schilling）

想辦法讓自己白一點

陳文杰

陳文杰

陳文杰有著優異的天賦條件，在場上卻總是讓球迷又愛又恨。在又黑又白的過程裡，陳文杰離開熟悉的中信兄弟轉隊台鋼雄鷹後，終於有可以容許犯錯的空間，陳文杰進化成為白馬王子，璞玉終成閃耀的鑽石。

身為被看好的潛力股，陳文杰擁有一切能夠成為外野明星的特質，像是優異的腳程、不錯的傳球臂力、好的飛球判斷能力，以及漂亮的揮棒軌跡跟擊球爆發力。但過往並非在傳統名校就讀，即便天賦不錯，仍需要透過比賽去熟悉解讀，因而「繳」了不少學費，也承擔不小的壓力，陳文杰說：「要想辦法讓自己白一點。」

「斑馬屬性」是球迷們給予陳文杰的標誌印象，意思是說，陳文杰有很棒的能力，能夠在場上做出許多守備美技，或是打出適時一擊；不過有的時候，他還在學習如何應對比賽，特別是高強度的一軍賽事，卻同樣也會做出讓人嘆氣再三的選擇，或是發生大家覺得不應該發生的失誤。一下黑、一下白，讓人又愛又恨，就像個斑馬一樣。

有球團高層曾經跟我提到，非名校出身的球員不一定比名校出身的球員來得差，像陳文杰就是一塊很棒的璞玉，他的身體素質比起許多名校球員還更好。但是穀保、平鎮這樣的名校，每次練習都在爭出賽機會，每次比賽都只能贏球，抗壓性就是這樣在平常的高壓環境下鍛鍊出來。陳文杰很棒，但需要時間，需要看球隊有多少耐心，以及有多少空間來容忍他失敗。

失敗這件事情，說起來雲淡風輕，對年輕球員卻是個心理上很難度過的挑戰，因為難能可貴的一軍機會，往往就在失誤中消逝。通常來講，表現不佳的年輕球員，就是下二軍再繼續磨練，可是陳文杰好像也沒什麼需要再在二軍磨練的，他在二軍期間內，就是屠殺整個二軍對手，已證明自己的戰技不屬於二軍層級，卻又花了許多時間在一軍層級轉換數據。一軍未滿、二軍以上，陳文杰突然好像沒有地方可去了。

陳文杰坦言：「以前真的有很多很多的負面想法，就是害怕失敗，還沒踏上打擊區，就想著失敗後的結果。」二軍打很好，就升上一軍；一軍打不好，就只好坐板凳或再下二軍。來來回回之間，心理開始影響生理，也影響到成績，陳文杰開始找方法迎戰失敗，第一是想辦法讓自己的身體更強壯，第二則是在技術面，想辦法固定揮棒軌跡，「不能因為打不好就去做調整，要知道好的軌跡是什麼，不論好壞都要堅持。」

這樣的作法與想法，曾經為陳文杰開創巔峰，正當大家覺得他要破繭而出時，陳文杰還是在職業生涯裡摔了個大跤。畢竟身處中信兄弟，團隊外野競爭力極強，沒辦法有太多的「暢打」機會，這場比賽沒打好，麻煩等待下一次機會，一下好、一下壞，陳文杰似乎永遠沒辦法擺脫「斑馬」的屬性。

不過轉機來得很快，中華職棒擴編多了一支第六隊，台鋼雄鷹需要在擴編選秀裡增加即戰力球員。曾經在一軍打出三成打擊率、鎮守過中外野的陳文杰，成為台鋼雄鷹的瞄準對象，而且將陳文杰定位為一軍主戰中外野手，也不因為他的打擊成績起伏而更動。

台鋼雄鷹的總教練洪一中說：「陳文杰就是三拍子好手，就算他打擊狀況不理想，也有守備可以支撐他的價值，所以我們打算讓他持續上場，讓他在中外野防區可以帶給我們貢獻。」洪總這番話與定位，似乎就此解放了陳文杰，讓他不再面對「打打停停」的狀況，獲得主力球員才有的「暢打」機會，不用怕打不好變黑馬。

「教練團在低潮期給我信心，真的很有幫助。」陳文杰說，有這樣的鼓勵，讓他在低潮時還能繼續在場上面對投手，也讓他更勇於出棒，擊球品質越來越好，也就不會受到數字影響。最終擺脫心魔的陰影，陳文杰在台鋼雄鷹的新天地找到一片天，全年出賽一零七場是生涯最高，另外還繳出雙位數的盜壘，跟OPS+104高於平均值的成績，終於再次展現他的價值。

陳文杰說：「不可能永遠都在低潮期，只要走出低潮，就是一種成長，接下來想辦法讓高潮更久就能表現更好。」不再害怕失敗之後，陳文杰真的變成了白馬王子，蛻變的好表現就連象迷也為他開心，或許這次真的就是璞玉要發光的時刻了。

你必須是那個替自己設下目標的人，並努力去實現那些目標。
～強尼·班奇（Johnny Bench）

能打國家隊是一件很榮耀的事

陳冠宇

陳冠宇

有些球員總會想著，在有限的球員生命裡，或許著重於自己的職業生涯，是比較正確的考量。不過陳冠宇並不這樣覺得，從小到大，他都覺得能夠為臺灣出戰是一件光榮的事，即便曾經難過到哭，但最終他的堅持，流下的是感動的淚水。

打開陳冠宇的維基百科資歷，洋洋灑灑的國際賽經驗，不論是過往青棒、大學時期，還是赴日發展之後，只要教練團有需要，選訓委員有徵詢，陳冠宇幾乎每個國際賽無役不與。但在高強度的國際賽裡，陳冠宇有過表現好的時候，也有慘遭痛擊爬不起來時，即使如此，他依舊屢屢加入國家隊，他說：「因為能打國家隊是一件很榮耀的事。」

赴日發展一開始並不是很順利，那時候是橫濱的黑暗時期。先遇到了手肘韌帶撕裂，動了 Tommy John 手術；又因為球隊對於整體戰力規劃不足，直接大規模砍人調整球員戰力，其實在職業生涯前期，陳冠宇走得很徬徨，幸好他樂觀的個性，讓許多人願意伸出援手，獲得了羅德的測試機會後，他努力展現自己的能力，在二〇一五年下半季成為球隊的先發輪值之一，也逐步恢復了自信。

「原本想說，這些日本職棒的經驗，可以幫助我、幫助臺灣在國際賽有好的成績，但卻事與願違。」陳冠宇這句話，是在第一屆世界十二強賽時，無精打采倚著天母棒球場欄杆，抓抓頭沮喪說出的。那時的國家隊總教練郭泰源，認為陳冠宇就是該屆國家隊王牌，畢竟有日本職棒的優秀實績在前，結果他卻慘遭打爆，怎麼投怎麼不順，出賽三場、防禦率高達十六點二。

每個投手多少都會面臨到一陣子狀態不佳，或是運氣不好的時候，但對陳冠宇而言，最痛苦的是，這狀況偏偏發生在自己最重視的國際賽。特別第一屆世界十二強賽，臺灣打線的狀態很好，投手卻沒辦法守成，最終導致無法晉級複賽。聽著陳冠宇說，想不透自己為何投得這麼糟，我也感受到在一級國際賽裡，球員感受到的壓力有多大，即便如此，陳冠宇還是很愛穿上國家隊的球衣。

「在國際賽裡，你會感受到那種跟職棒賽場截然不同的張力，也會感受到全臺灣凝聚在一起的心情。這時候不分你我喜歡哪支球隊，只期待場上的球員能有好表現。」因此，後續的經典賽、十二強賽，只要狀況允許，陳冠宇依舊每戰必與，角色從先發轉為中繼，他也似乎找到最適合自己的定位。過往臺灣總是缺乏好的牛棚左投，沒辦法在高張力局面下找到足以對付強力左打的武器，後來我們有了陳冠宇。

從哪裡跌倒，就從哪裡站起來，又是世界十二強賽，但在二〇一九年的第二屆賽事起，就成為臺灣牛棚堅強靠山的陳冠宇，繳出五場出賽無失分的好成績，跟著國家隊一起打到日本的複賽，重新贏回了臺灣球迷的信心之外，更讓日本球迷看到，穿著國家隊球衣的陳冠宇，有多麼投入在國際賽中，又是如何的讓人信任。

二〇二四年世界十二強賽，更是如此。在大量倚賴牛棚車輪戰的調度下，陳冠宇等於是七八局，最重要的佈局投手之一。而本次國家隊，挑了更多年輕投手加入，國家隊經驗豐富的陳冠宇，等於是牛棚投手群的老大哥，不論是場邊經驗分享，或是場上的提點，陳冠宇都不吝告知小老弟，因為他知道以年紀來說，或許他已經沒有多少再打國際賽的機會了。

但至少最後，陳冠宇流下的是感動的淚水。陳冠宇在場上落淚，絕非首見，過往讓人印象深刻的「邊哭邊打」，是因為球隊落後即將要輸球，眼淚因此不聽使喚的掉了下來；但這次是奪冠的喜悅淚水，打了這麼久的棒球，這麼多次國家隊與國際賽，經歷好與壞，真正的踏上了世界之巔，這次真的不是幻想，而是確確實實的成真。

「對我來說，這是我永遠都不想忘記的一天。」陳冠宇的這句話，是許多為國爭戰的球員，很有感觸的一句話。從小對日本棒球抱有憧憬，也踏上了日

我喜歡站在投手丘上，手裡握著球的那種感覺。我可以掌控整場比賽。當我站在那裡，沒有計時器，一切都得等到我把球投出去才會開始。我熱愛那種感覺。

～大衛·孔恩（David Cone）

本職棒的賽場，又能夠在國際賽用打敗日本來奪下冠軍，「這是一個夢想，感謝所有人一起努力完成了。」

或許未來，以陳冠宇的年紀，有可能世界十二強賽冠軍，就是他國際賽的最後一舞，但他從來沒有放棄過。沒有放棄過自己喜歡打國際賽的初衷，沒有因為曾經的表現不理想，而放棄挑戰國際賽事，最後才能夠在驚奇的一戰裡，完成自己的夢想，成就榮耀自己也榮耀國家的一刻。

我就盡力讓自己不要那麼容易痛

黃恩賜

黃恩賜

有王牌的天賦，卻總是無法好好兌現，黃恩賜真正發光的時間只有一個球季，其餘時候與之對戰的都是傷痛，而非場上的打者。雖然不至於消磨黃恩賜的意志，但也只能無奈面對，除了完成該盡的努力之外，剩下的也只能期待順遂。

從進入職棒開始，黃恩賜就是中信兄弟備受期待的投手，但好漢最怕傷來磨，這位期待能成為球隊本土王牌的投手，先開了一次手肘韌帶移植手術，好不容易扛了整季的先發輪值，卻又遇到肩膀傷勢導致無限期調整。知道自己是「痛痛人」，黃恩賜沒有放棄，「我就盡力讓自己不要那麼容易痛。」

就醫學上來說，有的時候物理上「傷」是好了，但球員的感受度卻還是沒好。可能在造成這個傷的過程中，長期累積之下除了這個「傷」之外，周遭或是身體其他部位，開始出現代償狀態；又或是為了治療這個傷，讓這個球員必須要等待修養復原，重新回來之後，過往習慣的感覺不見了。這兩種可能，都會讓球員不斷的在復健進程反覆前進後退，困在無限的迴圈裡面。

這也是為什麼，每次球員的新年願望都是身體健康，聽起來俗氣老套，卻又是最直接的現實。身體健康才能夠在場上比賽，證明自己的價值；身體健康才能夠避免傷痛，避免心理遭受一再同樣步驟的折磨。並非強壯的運動員沒辦法扛起運動傷害，而是再強壯的運動員，心理可能沒有身體來得強壯，一再的考驗之下，往往就此喪失鬥志，消逝在競技場之外。

黃恩賜也是如此。比較起來，韌帶移植手術還算是基本的手術與復健過程，相較成熟的運動傷害防治，對韌帶移植手術有一定的復健步驟，一般會抓十二至十八個月來讓投手復原，而且患者多，會遇到什麼狀況，其實過往該遇到的都遇到了。但之後的肩膀受傷就不是如此，肩膀的複雜程度比起手肘來得更高，最直接影響的是揮臂速度，更不用說黃恩賜本來就是以球速見長的投手。

「我當然也會懷疑，自己是否能夠再回到一軍這個舞台。」雖然還年輕，還不到放棄的時候，不過這就是復健過程裡許多投手會捫心自問的問題。黃恩賜在二軍基地裡，日復一日的做著復健課表，看到其他學長們，為了能夠重回一軍舞台而努力。投手教練林恩宇也鼓勵他：「做好自己的事情，把該做的事情做到完美，努力的結果自然就會呈現出來。」

控制好自己能控制的事情，是許多球員變成熟後學到的第一課。棒球是一個結果論的運動，投手的失分，有很多因素造成，不一定是自己投得不好；打者的安打，同樣也有很多因素造成，不一定是自己打得好。同樣，傷後復健也是如此，動作就算做完美了，或許也沒辦法馬上呈現出完美的投球，身體還需要時間重新適應，林恩宇這樣告訴黃恩賜，除了給他信心之外，也讓他知道受

我想，衡量我棒球熱情的溫度計，至今仍是我身上的雞皮疙瘩。
～文·史考利（Vin Scully）

了傷的身體需要耐心等待，復健當下能做的，就是想辦法把身體練強壯、身體控制訓練到最好。

因此黃恩賜的重新出發，從一局開始投起，每一場的出賽間隔，也都讓他充分的休息，就像是嬰兒學步一樣，需要格外細心照護。慢慢的，出賽間隔可以縮短一些，身體的感覺也越來越好，更重要的是直球品質不僅回來了，連速度也可以投到一五〇公里。雖然只是從中繼出發，至少讓人看到過去那個類似的黃恩賜再度站上投手丘，最終睽違七百天後，黃恩賜再度站上一軍，而且再也沒下來。

黃恩賜說：「知道一直有球迷在支持我，很開心也很感動，這是球迷給的動力，我知道自己是痛痛人，不知道能不能擺脫這個狀態，但我就盡力讓自己不要那麼容易痛。」

不滿三十歲的黃恩賜，要繼續留在職棒場上拚戰，或許未來還會再遇到大大小小的傷勢，甚至是從小打棒球到大，遺留下來的舊傷。至少這個過程裡，他學到了控制好自己，二〇二四年不僅重回一軍，打到總冠軍賽，甚至還遞補進世界十二強棒球賽，與一級的對手們一較高下。

會發光的金子，遲早會發光。就像黃恩賜一樣，那個投球霸氣十足，讓人充滿無限想像的投手，持續努力不懈之後，還是在屬於他的舞台上投球，證明了只要一步一步，做好自己該做的事，雖然大象中間曾經跌倒，步伐也比較緩慢，但持續去做、去走，還是會走到想要的終點。

每一次從傷病中回來，我都會更珍惜這場比賽。
～達斯汀·佩德羅亞 (Dustin Pedroia)

國家圖書館出版品預行編目資料

棒球驚嘆句 4 / 王翊亘著.—— 初版 —— 臺中市:好讀,
2025.05 面： 公分，——（名言集；18）

ISBN 978-986-178-751-0（平裝）

1. 格言

192.8 114002058

好讀出版

名言集 18
棒球驚嘆句 4
作　　者／王翊亘
內頁繪圖／許承菱
總 編 輯／鄧茵茵
文字編輯／莊銘桓
美術設計／鄭年亨
發行所／好讀出版有限公司
台中市407西屯區何厝里19鄰大有街13號
TEL:04-23157795 FAX:04-23144188
http://howdo.morningstar.com.tw
（如對本書編輯或內容有意見，請來電或上網告訴我們）
法律顧問／陳思成律師

讀者服務專線 TEL:（02）23672044 ／（04）23595819#212
讀者傳眞專線 FAX:（02）23635741 ／（04）23595493
讀者專用信箱 service@morningstar.com.tw
網路書店 http://www.morningstar.com.tw
郵政劃撥 15060393（知己圖書股份有限公司）

印刷／上好印刷股份有限公司
初版／ 2025 年 5 月 1 日
定價／ 300 元
如有破損或裝訂錯誤，請寄回台中市 407 工業區 30 路 1 號更換

Published by How Do Publishing Co., LTD.
2025 Printed in Taiwan
ISBN 978-986-178-751-0